重来3

做得更少，但赚得更多

It Doesn't Have to Be
Crazy at Work

［美］贾森·弗里德　［丹］戴维·海涅迈尔·汉森　著
苏西　译

中国友谊出版公司

图书在版编目（CIP）数据

重来. 3，做得更少，但赚得更多 /（美）贾森·弗里德，（丹）戴维·海涅迈尔·汉森著；苏西译. -- 北京：中国友谊出版公司，2025.5. -- ISBN 978-7-5057-6065-3

Ⅰ. F272-49

中国国家版本馆 CIP 数据核字第 2025KA4285 号

著作权合同登记号　图字：01-2024-6068

IT DOESN'T HAVE TO BE CRAZY AT WORK, Copyright © 2018 by Jason Fried and David Heinemeier Hansson.

Published by arrangement with HarperBusiness, an imprint of HarperCollins Publishers.

书名	重来 3：做得更少，但赚得更多
作者	贾森·弗里德，戴维·海涅迈尔·汉森
译者	苏西
出版	中国友谊出版公司
策划	杭州蓝狮子文化创意股份有限公司
发行	杭州飞阅图书有限公司
经销	新华书店
制版	杭州真凯文化艺术有限公司
印刷	杭州钱江彩色印务有限公司
规格	880 毫米 × 1230 毫米　32 开 7.75 印张　150 千字
版次	2025 年 5 月第 1 版
印次	2025 年 5 月第 1 次印刷
书号	ISBN 978-7-5057-6065-3
定价	69.00 元
地址	北京市朝阳区西坝河南里 17 号楼
邮编	100028
电话	（010）64678009

如果可以重来,你会如何"工作"

产品创新顾问,《人人都是产品经理》丛书作者　苏　杰

4年前,我给《重来3:跳出疯狂的忙碌》写过推荐序。可能是书里内容切中了最近几年的形势,比如"副业、灵活就业、大厂离职、反内卷"等话题,这本书的市场反响不错。近期本书要再版,蓝狮子邀请我再来写一篇推荐序。

于是,我根据这几年的情况刷新一下推荐序的内容。

观点还是那句话:工作狂也好,书里说的状态也好,希望大家了解不同的选择,想清楚,并努力让自己有选择的权利。

问问人们在必须完成工作的时候会去哪儿,你极少能听到这个答案:办公室。

不知《重来3》里的这句话戳到你没有？

和《重来》系列的前两本一样，第三本依然是两位作者（及其公司——Basecamp，原名37signals，是高效的软件公司之一，它推出并持续维护着受用户欢迎的项目管理工具Basecamp）真实工作状态的总结与分享。

本书的主题是反对工作狂，倡导公司管理者建立更为冷静、高效的企业文化，减少浪费，减少带来干扰和持续压力的事。

"快忙疯了"已经成了很多朋友的日常，大家都在抱怨加班，享受其中的人少之又少。诚然，我也认识一些"主动的工作狂"，我能感受到他们对工作的热爱，工作成果的正反馈也让他们是真的开心（如图1-1右上）。对他们来说工作就是生活的全部，工作本身就是人生的目的。随之而来的代价，也许是减少了给自己和亲朋好友相聚的时间、也许是牺牲了个人的健康与兴趣爱好。换句话说，我认为工作狂是伟大的，他们为了远方的客

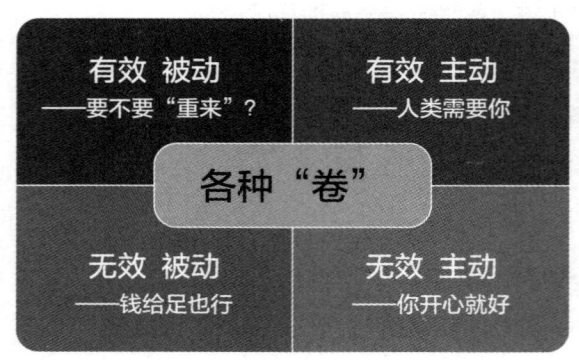

图1-1　各种"卷"

户,牺牲了自己和亲近之人,我自问做不到,只能佩服。

但问题是,大多数"工作狂"并不是心甘情愿的,不管是老板还是员工,并不想成为"被动的工作狂"。哦对了,补充一句,"无效地卷"并不在本文讨论之列(如图1-1左下和右下),我想聊的是,哪怕你是"有效地卷",只要你"卷"得不开心也可以试试选择"不卷"(如图1-1左上)。

在本书刚引进国内的2020年,当时的我在想,这样的公司是否能在国内生存?国内什么时候能有一大批如书中"榜样"那样工作的朋友?

一转眼疫情过去,但大家期待的强劲复苏似乎并没有到来,这两年不少行业和企业碰到了重重困难。大厂叙事的消退、"离职博主"从兴起到过饱和、副业与灵活就业成为常态、从烈火烹油到觉得小而美也不错……身边似乎有越来越多的人,或主动或被动地变成了本书中描述的工作状态。

原来,工作狂式的卷,还有个外在因素助力,即认为"付出必有回报",当大家发现卷也没啥用的时候(图1-1中,左上转为左下),更多的人就会停下来重新思考——

工作的目的是什么?

很多人都会看重财务回报,当然,这必不可少。如果再深想一层,有了财务回报以后,你会拿这些钱来做什么?认真一点,答案肯定不是"吃喝玩乐"。所以,钱其实是手段而不是目的,那么单纯为了获取钱的工作就更不是人生目的了。

除了工作以外，你还有更多的手段去获得财务回报。比如，用认真和孩子玩耍代替花钱给孩子报兴趣班，发展一个兴趣爱好并保留获取副业收入的可能，研究至少30年期限的投资以赚取额外的"睡后收入"……

那是社会地位么？这也是手段而不是目的。

所以，是时候重新审视一下工作本身的意义，并做出合理规划了。遗憾的是，这是每个人自己的课题，别人没法给你答案，你必须主动选择并为之负责。唯一可以确定的是，工作只是你人生中特定时间段里，占比也不算大的一小部分。

那要怎么做才能让工作上"忙疯了"的状态有些改观？

书里给了一些思路，选几个有趣的说说。

——没有目标，不想改变世界——

为公司制定目标的信念——永远要努力争取做得更大更好——是如此根深蒂固，以至于需要讨论的事情好似只剩下了一件：这个目标的野心够不够大。

一个目标也不设，你照样可以运营一个伟大的公司，绝对可以。做实事用不着仰赖虚假的数字。如果你非得有个目标不可，那来个简单的怎么样？让公司生存下去，好好服务顾客，或者成为一个能让员工开开心心来上班的地方。这些目标不太容易量化，但并不等于它们不重要。

书里反对的是舍本逐末地把完成目标、改变世界当成终极要义,而更应该把精力聚焦在踏实干活,为客户创造价值。我看过太多公司简化管理,设置雄心勃勃的数字目标,然后为了实现它无所不用其极。

而书里推荐的做法是:没有目标。大家在一起共事是基于信任、共识,真心想做一点有意义的事情,仅此而已。有点阿Q式的自我解压?好像是,但又有什么不好呢。你我出生在这个世界上,就已经改变世界了,能再创造一点价值,就很好了,和更厉害的人相比,创造的价值或多或少而已。

——反对共享日程表——

如果你对自己的大多数时间都掌控不了,那你就不可能冷静下来。你会经常感到压力,觉得自己安心做事的能力被人夺走了。

人们很容易为共享日程表找到辩白的借口:"我只不过是在发出邀请嘛!"可没人好意思拒绝别人的邀请,没人希望被别人看成"很难打交道"或"请不动"。可以被人随意添加的日程表就好像俄罗斯方块游戏,不好意思拒绝,就只能任由方块一个接一个地掉落下来,直到自己的一天被堆砌得满满当当——游戏结束。

最近你看过自己的日程表吗?你自己填上的内容有多少,被其他人填上的又有多少？我把前者叫作"主动时间"，后者叫作"被动时间"。

共享日程，看起来很高效，大大提升了"约个会"的效率，可是，作者认为大多数会议本身就是降低效率的，它只是让小部分人"感觉很好"，而浪费了其他大部分人的时间。

取而代之的做法，是设置答疑时段，给每个人都留下足够多的、整块的、不被打搅的主动时间，把各种需要互动、响应的"被动时间"留在一个特定的时段，真正紧急到需要立刻马上做的事情，其实没那么多。

——反对公司的"家文化"——

听见某些高管说他们的公司就像一个"欢乐的大家庭"的时候，请你当心。一般来说，他们的意思并不是无论你遇上什么事，公司都会保护你，也不是公司会无条件地爱你——你懂的，就像健康的家庭会做的那样。他们的意思更有可能是这个：他们要的是单向的牺牲——你的牺牲。

据我的观察，"家文化"是不少企业特别喜欢的。东西方的文化差异也许是一个重要因素，"东方情理法，西方法理情"的说法或许可以解释。和同事有一些共同的兴趣爱好，成为工作之外的好朋友，合作起来会更加顺畅，但，如果完全失去了工作之外的其他朋友，未免得不偿失。

对于公司的"家文化",我想也有细分。相较于民主平等的"家文化",封建家长式的文化氛围显然更让员工不舒服。一提到后者,似乎很多事情都不可讨论,工作到深夜,或是放弃假期,在这就变成了奉献,甚至连拒绝都变成了不道德。

书里的观点是,同事、家人、朋友,都很重要,保持多样性,要好过混为一谈。

——不给客户做承诺——

从Basecamp初创时起,我们就很不愿意做出产品改进的承诺。我们向来希望客户能根据现在能买到用到的版本来判断产品的好坏,而不是某个"有可能会"在日后推出的、想象出来的版本。

这就是为什么我们从来不发布未来的产品路线图。不是因为我们在某个小黑屋里私藏着一张,不愿意拿出来给大家看,而是因为它确实不存在。我们真的不知道一年后我们会做什么,所以为什么要装出那副样子呢?

看似不负责任的"不承诺",只是不去承担自己承担不起的责任,这其实是一种更负责的做法。毕竟,我们处在一个"变化多端"的时代,这两年人工智能技术的发展又进一步加剧了未知,很难预知未来,也就很难计划未来,强行设定目标并执着地追求,很可能适得其反,边走边调整是一种好办法。

不做承诺，可以掌握主动权，随机应变地做出更适合当下的选择，而不是被动响应，救火队式的打补丁。

看到这里，你可能会说，这本书里说的情况太理想了，在我们这里不可能。我承认，肯定没法照搬，但这并不妨碍我们去思考可以借鉴的有哪些？前提条件是什么？适用场景是什么？可以应用到什么程度？

以下，是我认为可以助力你实现本书状态的一些条件。

第一，生产力进一步发展。整个社会的供给越来越丰饶，那么，要过上满足基础要求的甚至有尊严的生活，需要付出的努力就会越来越少，人们的安全感也就会相应提升，于是，大家就不再会"为五斗米折腰"。很幸运，我们的社会正朝着这个方向继续发展，人工智能、能源、材料等技术的进步，都让未来充满了想象。

第二，价值评判更加多元。这需要整个社会的宽容，老板不只是追求把企业做大做强，员工不只是追求职位越做越高，人们也不再只以"世俗成功"来评判一个人。如此，就会有更多人选择小而美，选择在"向上"攀登的过程中留在某处，然后去前后左右看看，体验更丰富的人生。反正，"向上"永远没有尽头。

第三，组织成员都是专才。花较少的工作时间还能有好结果，需要每个人都是专家。这意味着上下级关系的平等，只是分工不同，而不是"官大一级压死人"的关系。这对每个人提出了更高的要求。卷的反面不是躺平，而是更主动地找到自己的优势，发现事半功倍的任务，而不是变成一个可替代的劳动力。

第四，合作关系更加灵活。组织内是专家小团队和灵活的工作环境，组织间是自由人的自由组合。这样可以摆脱传统的甲乙方关系，合作中的各方各有所长，互相赋能。我那些灵活就业、干得风生水起的朋友们，都没有很大的团队，通常是以工作室的方式与各种外部组织按需协作，完成任务。

第五，任务更具创新性质。比如设计师、律师、音乐人、内容创作者等，这类工作的产出不是靠堆时间就能做好的，背后的专业人才也并非拼执行，而是需要创新能力。好消息是，在人工智能的帮助下，我们将能从繁重的基础工作中解脱出来，把更多的精力放在创新上。

第六，肯定还有，期待你的观点，我们多多交流。

回想了一下我自己的经历，如写书、咨询的工作模式，就和书中提倡的理想工作状态比较像。在几周到几个月的项目周期内，我和合作伙伴们组成虚拟的项目组，共同完成一个有价值且很有趣的任务，比如为某家企业做一个轻咨询项目，带创业者去海外游学，给中学生开一个关于产品创新的夏令营。每一天，没人知道其他人正在做什么。他们在工作吗？不知道。在休息吗？不知道。他们在吃午饭吗？不知道。在接孩子放学吗？不知道。没人在乎这些，只要按照约定，完成产出就可以了。

如果你向往书中描述的工作状态，且你是一个"打工者"，那么在设计自己职业线路的时候，可以留意上面说的几个条件。如果你是一个老板，可以开始思考，在当下的中国，如何让社会越来越接受多样性，让小而美、没那么多野心成为一种选择。有趣的是，如果走上这条路，你就已经从"打工者"变成了自己的"老板"。

如果可以重来，我希望你能主动选择自己的工作状态。这几年，我身边已经出现了很多，并且一定会出现更多如书中"榜样"的朋友，真好。

蓝狮子最终把再版的书名从《重来3：跳出疯狂的忙碌》改为《重来3：做得更少，但赚得更多》，副标题的变化主要是因为大环境的变化，想在书名中更戳读者的痛点，不过这里所谓的"赚"，得到的可不只是"钱"。这个副标题，注定只属于少数人，我把它视为祝福，送给看到这本书、这句话的你。

推荐序二

有多少"忙碌"可以"重来"?

《增长黑客》作者 范冰

周五,蓝狮子的营销编辑来"催稿"了,我只好"愧疚"地说一声"抱歉,最近比较忙,书还没完全读完",并把书评的完稿时间定在了月末之前。

这句"抱歉"倒不完全是客套的推托之词,确实是因为事情很多:这段时间单位的效益越来越好了,本来7、8月大热天不算是业务的"旺季",却忙得不可开交,最近一段时间基本保持一天一个case的节奏,累得跟狗似的(打住!其实狗子没这么累),办公室里此起彼伏的敲键盘声,成了惯常的协奏曲,想想上月有同事创下月译20w+的记录,确实有点本书开篇"我快忙疯了"的感觉,或者错觉。

因而,让我读下去的就是这个"我快忙疯了"的开篇及其子标题：跳出疯狂的忙碌。

比电子稿上学术范儿浓郁却显得呆板的"更为平静、高效的企业文化"有吸引力多了。

都知道"心亡为忙"，都想停下来歇歇，但不可否认，"忙"确实是日常生活的常态，尽管很多时候，你不知道自己"在忙些什么"。

我觉得，与"各种真实或虚拟的干扰"相比，"不惜任何代价追求成长"的"不健康执念"才是将你我"压迫得疲惫不堪"的根本原因。

书中关于工作中"超长待机"的描述，让我想起了一度很火的"996"，据说马云等许多大佬都是它的拥趸。

现实生活中，加班甚至"996"成了相当一部分公司的"标配"，尤其是互联网公司。在行业发展早期，互联网公司员工薪酬普遍较高，很多程序员均认为，较高的职业满足感能够覆盖加班带来的困扰。因此，即便程序员们经常加班，严重的负面情绪、离职甚至诉诸法律的案例非常少见。但随着加入者越来越多，市场竞争日趋激烈，很多互联网公司不仅前景不明，而且员工收入优势也不复存在，加上员工辛苦程度不减当年，负面情绪与日俱增也就不难理解了。

应该说，近年来我国互联网行业高速发展，在国际上闯出一片天地，与互联网公司广大员工夜以继日的工作和创新分不开。但这一切并不能掩盖"996"工作节奏不合法、不近人情的缺失，必须改变的时候到了。

一方面，人不是机器，除了工作，还需要适当的休息和情感关怀。我国劳动法早已对工时、休假、可允许的加班时长以及有关待遇等作出明确规定，各公司企业必须严格执行。同时，劳动执法部门也应加强监督，切实维护法律权威，保障劳动者权益。

另一方面，创新才是发展的第一动力。我国互联网行业早已度过了简单拼人力的阶段，面对更加激烈的市场竞争，企业要更加重视科技研发的作用，不断优化内部管理机制，多做"科技创新和科学管理的乘法"，从创造性的劳动中寻找发展动力和利润空间。

从历史经验看，人类社会每一次重大科技变革都会深刻影响经济社会生活的方方面面，站上"风口"的行业企业普遍迎来高速发展新机遇。但当新科技从一个刚刚崛起的新生事物变为广泛认知，企业也须迅速调整发展战略，从高速增长向高质量发展转型。可以说，以"996"为代表的纯以时间成本累积投入的发展模式已经落伍，新时代企业发展的方向何在？

对此，本书一语惊醒梦中人——高效比高产更重要。

高产形容机器，每天24小时、每周7天连轴转，人不行。

高效指的是找出更多未被侵占的时间，留给工作之外的其他事——休闲放松、陪伴家人和朋友，或者留出时间，什么也不干。

周五更了篇日志，可以作为本书的注脚：停下来，做点"无用的事",为了走得更远。

工作生活中,"把平凡做到极致就是出彩","要么不做,要么就要做到最好","没有人会记住第二名"……我们似乎得了"最好强迫症",凡事都要争个第一,于是变得越来越累。

可本书认为,完成比完美重要,无为有何妨?

深以为然。

完美关注的是"局部最优解",完成注重的是"全局最优解"。

假设身处群山之中,站到众峰之巅的人是胜利者,那制胜的策略是不是一个劲拼命往上爬?

其实不然。山峰很多,有高有低,如果你只从现在所处的地方往上爬,那么即使你努力又幸运地爬到峰顶,但在峰顶一看,更有高峰在别处。

所谓局部最优,就是你爬上了你身处的那个山峰;所谓全局最优,就是光在这座山峰往上爬并不能爬到最高的山峰。山有群峰,大环境中有多重小环境,局部最优通常是全局最优的敌人。

极度追求不如适可而止

做无用的事,另外一种表述是"最好是好的敌人"(the best is the enemy of the good)——出自伏尔泰,极度追求不如适可而止。

诺贝尔经济学奖得主司马贺(Herbert Simon)把它系统化作

满意原则（Satisficing），Satisficing是司马贺生造的词，由satisfy（满意）和suffice（足够）拼接而来，我姑且把它译作"够好就行"。

这一原则认为，人应该这样解决问题，那就是拥有有限的理性，但善用启发式搜索。

这个理论由三个模块所组成：

一是，人虽理性，但理性有限。

理性与人的其它能力都是有限的，这注定我们无法凭着理性做最优化的决策，所以就应该放弃优化任何事情的企图。

二是，善用启发式搜索。

启发，这个词源自eureka，就是那个阿基米德从澡盆里跳出来时大叫的词。阿基米德发现浮力原理，不是因为穷举式最优化搜索，而是根据澡盆提供的线索，灵机一动，获得启发。

司马贺认为，我们所要解决的问题，也都不能靠穷举来找到解法，还是要善用灵机一动的启发。

三是，搜寻不是无止境的，够好就停下来。

围棋大师吴清源曾说，在面对棋盘上的几十种变化时，他的应对方法是从最有可能成立的那个变化算起，一旦算出自己形势好，就停下计算，落子。这就是"够好就行"。

而他的对手，经常是把所有选择都计算完，再选择最优者。但是人脑毕竟不是电脑，这样的穷尽计算会使心态过于沉重，难以占上风。

所以,"够好就行"理论跟我们今天讲的做无用的事有什么关系?

因为人能力有限,所以追求最优化是不可取的。面对人生大棋局,我们最好还是设定够好的目标,达到就停下来,其余精力拿来做点无用的事,拥抱自己,静待天命。

曾经有份忙碌的工作摆在我面前,让我忙得没工夫扯淡。等到闲不下来的时候我才后悔莫及,尘世间最痛苦的事莫过于此。如果上天可以给我再来一次的机会,我会对那份工作说两个字:"滚!"如果非要在这份工作前加一个期限的话,我觉得每周工作40小时足矣!

目录 Contents

开 篇
"我快忙疯了" / 003
我们是谁 / 008
你的公司是个产品 / 010

抑制你的野心
拒演"拼命工作"的苦情戏 / 019
做个快乐的和平主义者 / 021
我们的目标是：没有目标 / 024
别总想着改变世界 / 030
边走边摸索 / 032
舒适环境有什么错？ / 034

捍卫你的时间
40 小时足矣 / 041
保护主义 / 043

高质量的 1 小时　　/ 045

高效比高产更重要　　/ 050

比别人更努力，就能出类拔萃？　　/ 052

上班时反而没法完成工作，为什么？　　/ 054

答疑时段　　/ 056

俄罗斯方块　　/ 062

当下的牢狱　　/ 065

即时回复　　/ 067

错失良机恐惧症　　/ 069

培养企业文化

我们不是一家人　　/ 077

榜样的力量　　/ 079

信任犹如电池　　/ 081

不要最后一个才知道　　/ 083

老板的话重千斤　　/ 088

低处的果子未必摘得到　　/ 090

别在睡眠时间上自欺　　/ 093

真正的平衡　　/ 096

简历不重要　　/ 100

没人能立即上手　　/ 103

不必理会人才争夺战　　/ 105

不做薪酬谈判　　/ 107

谁的福利？　　/ 114

图书馆守则　/ 118
拒绝假度假　/ 121
冷静说再见　/ 124

剖析工作流程

群聊的害处　/ 131
逼死人的截止日期　/ 134
别做"膝跳反射"　/ 138
警惕"两周连轴转"　/ 140
新常态　/ 144
坏习惯会打败好意愿　/ 146
追求独立　/ 148
承诺比共识更重要　/ 150
完成比完美更重要　/ 153
逐渐聚焦　/ 155
无为又何妨　/ 157
知足常乐　/ 159
最糟实践　/ 162
不惜任何代价？　/ 168
多一事不如少一事　/ 170
魔力数字3　/ 172
坚持下去，有始有终　/ 174
"不"的价值　/ 176

深入思考业务

冒险不等于鲁莽 / 183

季节轮转 / 185

利润才是硬道理 / 187

故意放弃 / 192

发布，然后学习 / 195

别做承诺 / 198

他抄我的！ / 202

掌控变化 / 204

创业容易守业难 / 207

小事一桩，还是世界末日？ / 212

美好的旧时光 / 214

收　尾

有意识地选择冷静 / 221

First
开 篇

"我快忙疯了"

你是不是经常能听见"我快忙疯了"这种话？或许你自己也这么说过。对许多人来说，"快忙疯了"已经成了他们的日常。可是，为何要这么疯狂？

主要原因有二：工作时间被各种或真实或虚拟的事情干扰，切割得七零八碎；不惜任何代价追求成长，这种不健康的执念使人们设下了高到不切实际的期望，把他们压迫得疲惫不堪。

难怪人们的工作时间越来越长，出门的时间越来越早，回家的时间越来越晚，周末也要加班加点，只要有一点儿空闲时间就要处理工作。上班时间，工作从来都做不完。就这样，工作侵占了绝大部分时间，生活沦为了边角料。

更糟的是，在某些人眼中，超长的工作时间、过度的忙碌及缺乏睡眠，竟然变成了他们引以为傲的荣誉勋章。可长期的疲惫不是荣誉勋章，而是愚蠢的标志。

更有甚者，上述问题并不是组织独有的——个体、承包商、企业家都在以相同的方式消耗着自己。

你可能在想，人们投入了这么多时间，再加上各种新科技手段的帮助，负担应该减轻了吧？并没有。它越来越沉重了。

可是工作量并没有突然增多。问题的关键在于，人们几乎没法专注地、不受干扰地工作。人们花在工作上的时间变长了，可完成的事情却变少了。这讲不通啊——直到你将大把大把被浪费在不重要事情上的时间算进来。

不少人每周在工作上要花费60、70甚至80小时，在这些时间里，有多少真正用在了工作上？又有多少被浪掷在会议和干扰里，被虚耗在效率低下的业务中？绝大多数都是。

解决方案不是多花时间，而是少扯淡。减少浪费，而不是增加投入。你需要大幅减少干扰，去缓解持续不断的焦虑，并避开压力。

公司把压力传给了员工，经由一个人传给另一个人，然后再由员工传给顾客。而且，压力从来不会止步于工作。它会渐渐渗入生活，影响你与朋友、家人、孩子的关系。

可给客户的承诺还是源源不断。于是市面上的时间管理法越来越多，沟通方法也越来越多。新的要求不停地累积。越来越多的沟通同时发生在各个地方，每一场都需要你的密切关注，而且都得"秒回"。快点，再快点！可这一切到底是为了什么？

如果在工作中你经常会有"快忙疯了"的感觉，那我们送你一句话："让它滚一边去。"再加一句："这一切已经够多了。"

是时候了。公司需要停手，别再要求员工不歇气地追求那些永无止境的"更高目标"，那些东西都是在好胜心的驱使之下，被强行制定出来的。是时候把不受打扰的时间还给员工了，这才是做出高质量工作所必需的。别再赞颂"忙疯"的状态了。

将近20年里，我们一直致力于把Basecamp塑造成一个冷静的公司，一个不受以下因素驱使的公司：压力、忙乱、熬夜、通宵赶工、"尽快完成"的催促、不可能兑现的承诺、居高不下的离职率、总是无法按时完成的工作、永远没个头的项目。

我们不要不惜代价的成长，不要徒劳无功的忙碌。我们不设被好胜心驱使的目标，不跟同类型的公司攀比，我们不把自己逼到火烧眉毛的境地。可即便如此，自打创业以来，我们每年都是盈利的。

我们身处的行业是世界上竞争最激烈的。除了技术巨头，软件行业里满是拿到上亿美元风险投资的创业公司，而我们一分钱都没拿过。我们的钱从哪儿来？顾客那儿啊。尽管说我们老派，说我们过时吧，没关系。

作为一家软件公司，我们理当参加硅谷里闹哄哄的竞赛，可我们的员工没有一个住在硅谷的。实际上，我们的54个员工分布在全世界30个不同的城市里。

一年的大多数时间，我们每周工作40小时左右，到了夏季，我们每周只干32小时的活儿。工作每满3年，我们就送员工一个月的长假期。平时的休假不仅是带薪的，我们还支付度假的实际费用。

不，不需要周三晚上9点交活儿。可以等到周四上午9点。不，不需要周日完成，周一完成就可以。

有没有"压力山大"的时刻？当然有——人生就是这样啊。每天都轻松快活吗？当然不是——如果我们说是，那就是在撒谎。但我们会尽最大努力，让那些成为例外。总体上来说，我们是冷静的——这是刻意的选择，也是亲身践行的结果。我们是有意这样做的，我们做出了与众不同的选择。

从设计这家公司的时候起，我们就采用了与众不同的思路。在这本书里，我们会告诉你，我们做过的那些选择，以及它们背后的原因。任何一家想要做出类似选择的公司，都会找到合适的路。你已经心生向往，而且，如果真去践行的话，你会发现，目的地比你想象的更美好。你也能拥有一家冷静的公司。

如今的职场已经问题丛生，几近病态。混乱不应该是工作的常态，焦虑不是进步的前提，终日坐在会议室里也不是成功的必要条件。这些都是对工作的误解和扭曲，是坏榜样做出的糟糕示范。听从那些，就好像成群结队的旅鼠，盲目地冲向悬崖，跳向大海。咱们闪开，让蠢货们去跳吧。

冷静，意味着保护人们的时间与注意力。

冷静，意味着每周工作40小时。

冷静，意味着制定合理的目标。

冷静，意味着充足的休息时间。

冷静，意味着有意识地维持较小规模。

冷静，意味着看得见的地平线。

冷静，意味着把会议视作最后的沟通手段，不到万不得已就不用。

冷静，意味着非实时沟通优先，实时次之。

冷静，意味着更加独立，减少依赖。

冷静，意味着为了长远利益而采取可持续的行动。

冷静，意味着盈利能力。

我们是谁

我们是贾森和戴维。自从2003年起，我们两人就在一起经营Basecamp。贾森是CEO（首席执行官），戴维是CTO（首席技术官），我俩就是公司仅有的两个"首席"了。

Basecamp既是我们的公司名，也是我们的产品名。Basecamp软件是一款独一无二的、基于云端的App（应用程序），能够帮助公司在同一个平台上管理所有的工作项目与内部沟通。把所有东西都放到Basecamp上之后，人们就会知道自己需要做什么，人人都知道每样东西放在哪里，各项工作的进度都一清二楚，没有一件事情会被漏掉。

在公司经营方面，我们做了许多尝试。在这本书中，我们会把适合我们的做法分享出来，同时也会写出对以下问题的观察和思考：哪些因素能造就一家健康、长久、可持续的企业。就像对待世上一切建议一样，你的具体做法可以酌情调整。把书中的想法当作寻求改变的灵感,而不是不能改动的金科玉律。

最后,我们在这本书中所说的"疯狂",和大家形容交通高峰期的"疯狂"路况,"疯狂"的天气,以及机场排的"疯狂"长队是一个意思。我们提到"疯狂"的时候,指的是情境,不是人。

好,这些都说清楚了,咱们开始吧。

你的公司是个产品

一切始于这个概念：你的公司是个产品。

没错，你做出来的东西叫作产品（或服务），但它是经由你的公司做出来的。正是因为这个，你的公司应该是你最棒的产品。

本书的一切观点都围绕着这个主题延展开来。就像产品需要不断改良一样，公司也需要迭代才能不断进步。如果你想把一件产品做得更好，就必须不断地测试、修改、迭代。做公司也是一样。

可轮到做公司的时候，很多人就不这么干了。他们或许会不断调整结果，可做事的方法和手段却总是一个样。他们选择了一种方式，做了一次，然后就一直沿用下去。公司创立时期流行的工作方法，变成了根深蒂固、永不改动的律条，规矩和政策就像铁板一样牢不可破，公司被自己束缚住了。

但是，如果你把公司视作产品，你就会问出不一样的问题：在这里工作的人知道怎么使用它吗？它是简单还是复杂？它的运作原理显而易见吗？它哪里最快，哪里最慢？它有漏洞吗？哪些漏洞可以快速修复，哪些需要花很长时间？

公司跟软件一样，必须能用，也必须有用。它大概也会有漏洞——由于糟糕的组织设计或文化上的疏忽，公司遭遇了挫败。

当你把你的公司当成一件产品来审视的时候，你就有了全新的视角，各种各样的改进可能会纷纷出现。当你意识到你的工作方式可以改变时，你就可以着手塑造更新更好的东西了。

我们做项目的时候，会集中工作6周，接下来的两周我们就脱离开固定的时间表，"自由散漫"地工作，给自己减减压。我们并不是拍拍脑袋，就认为这个节奏是最好的。最开始，我们也是跟着项目本身走，需要多久就做多久。随即我们发现，项目似乎永远做不完。于是我们就把时间期限缩短到了3个月。后来发现还是太长，于是我们就尝试再次缩短它。就这样，我们采用了每次6周的循环。经过试错，我们迭代出了最适合自己的方式。在这本书中我们会详细探讨这一点。

我们并不是凭空认为，绝大多数情况下，非实时的沟通就是比实时沟通效果好，这是经过了好几年对聊天工具的滥用之后才发现的。我们看到了干扰是如何发生的，工作效率又是如何降低的，于是我们找到了一种更好的沟通方式。在这本书中，我们会详细探讨这一点。

公司刚起步的时候，我们也不具备今天这些经验和心得，我们也是一步一步习得的。一开始我们也没意识到，为员工支付度假费用比发奖金更管用。我们原先也是用奖金来激励人，但后来发现，人们会把奖金视作预期的薪水收入。后来我们也把这个经验运用到了其他福利措施上。在这本书中我们会详细探讨这一点。

关于薪资谈判，我们也不是一开始就知道该如何冷静应对，我们也是一路摸索过来的。制订薪资标准、批准加薪申请，这些事情在Basecamp就像在绝大多数公司里一样棘手。直到我们不断迭代，找到了新方法。在这本书中，我们会详细探讨这一点。

我们在公司上花的心思和我们在产品上花的一样多。人们常在软件名后面加上数字后缀，标注出版本。"这是iOS 10.1，10.2，10.5，11，等等"，我们也是这样看待公司的。如今的Basecamp大概是Basecamp, LLC 50.3版了。通过不停地试试这个，调调那个，寻找最适合自己的方法，我们把它更新到了今天这个状态。

不幸的是，在今天的商界，运营一家冷静的公司并非主流之举。在一段时间内，你必须对抗自己的"直觉"，你必须把害人不浅的常规做法抛到一边，你必须认识到，"忙疯了"的状态是错。冷静是你的目的地，而我们会与你分享我们到达并停留在那里的经验。

我们的公司是个产品。我们希望你也这样看待你的公司。无论你是它的拥有者、管理者,还是"只是个打工的"。想要把公司做得更好,需要每一个参与者共同努力。

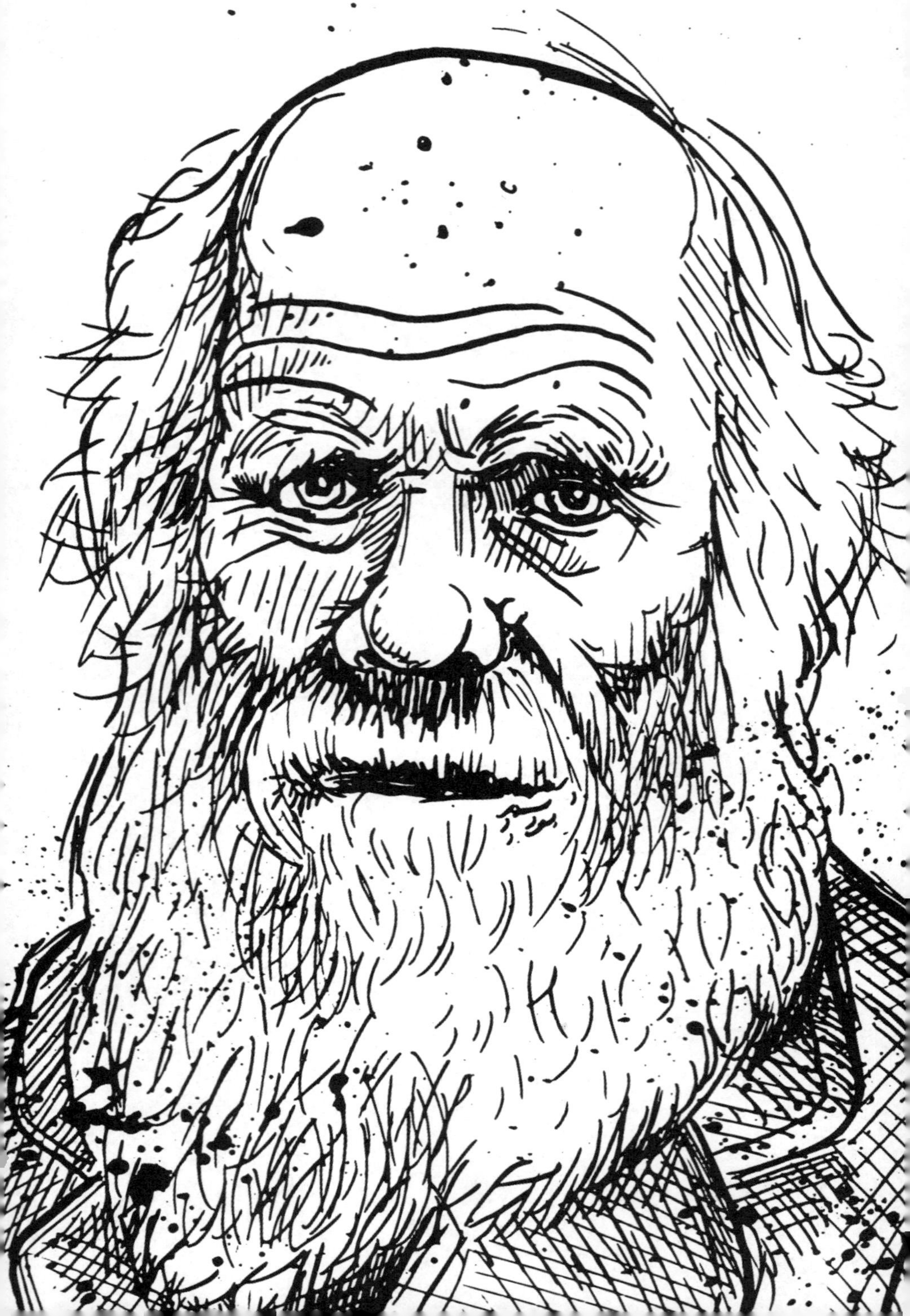

英国博物学家查尔斯·达尔文（Charles Darwin）出版了19部著作，其中包括《物种起源》，而他每天只工作4.5小时。

Curb Your Ambition
抑制你的野心

拒演"拼命工作"的苦情戏

"拼死拼活地工作"已经垄断了创业励志文的主题,没完没了的打鸡血式格言煽动人们在工作上耗尽最后一丝力气。是时候摒弃这种错误观点了。

你只需看看Instagram(照片墙)上加了"#创业"标签的内容都在说些什么。"传奇始于埋头苦干!""无须过人天赋,只需超级努力。""目标才不关心你的感受。"没错,这种话要多少有多少,直到把人看吐为止。

对于手中资源远不如别人多的创业者来说,忙碌和苦干或许是起步时的灯塔,为他们照亮前方的路。可如今,它已经成了折磨和受罪的同义词。

或许有极少数人设法在这种受罪状态中找到了想要的东西,但太多的人到最后弄得身心俱疲、意志消沉、一蹶不振,却没得到任何值得炫耀的东西。这一切又所为何来?

你并不会因为牺牲了一切而变得更有价值。因为你不断地忍受痛苦和疲惫，只为够到一根更大的胡萝卜。生命不只是连轴转和忙到极限，人类的体验远比这辽阔丰富得多。

此外，拼命工作的结果也并不好啊——你不大可能在工作了14个小时后灵感乍现，找到那个关键想法或突破性的创意。创新、进步、影响力，这些都不是苦干蛮干的结果。

如今，反对拼命工作的声音主要来自创意群体，比如作家、程序员、设计师、创客、产品人员。或许在一些体力劳动的领域中，更多投入确实能带来更多产出，至少在一段时间内如此。

但是，你极少能听到那些迫于生计、必须身兼三份低端工作的人以疲惫为荣吧。唯有那些虚伪爱装的人——那些无须为了生存而挣扎的人——才需要吹嘘自己做出了大量牺牲。

创业犯不着演这种死去活来的苦情大戏。绝大多数时间里，创业的日常比这个乏味多了。少来点跳烈火战车和疯狂追逐的戏码吧，踏踏实实地多垒几块砖，再刷一层漆。

所以，别再拼死拼活地卖命工作了。充实地好好干上一天活，日复一日，这就足够了。你可以陪孩子们玩耍，同时依然是个成功的企业家；你可以拥有个人爱好，你可以好好照顾自己的身体；你可以坐下来好好读本书，你可以跟另一半一起看部傻乎乎的电影；你可以抽出时间来做顿像样的饭菜；你可以出门去散个长长的步。你可以时不时地，敢于做一个彻底的普通人。

做个快乐的和平主义者

商业世界痴迷于争斗、战胜、统御和摧毁。这种理念把商业领袖们变成了小小的拿破仑。仅在宇宙中留下自己的印记已经不够了,没错,他们必须要占有整个宇宙才够霸气。

生活在这样一个零和世界中,企业不愿从竞争对手那里"赢得市场份额",他们要"征服市场";他们不会满足于"服务"顾客,而是要"俘获"顾客。他们要"锁定"顾客,建立一支销售"大军",雇用"猎头"为自己搜寻人才,他们要打响"战役","杀伐四方"。

这一套战争语言书写了一个糟糕的故事。当你把自己定位成一个以消灭敌人(即竞争对手)为己任的军事指挥官,为阴招和不择手段找理由就变得更加容易了。战役的规模越大,手段就越阴损。

人们常说,情场与战场,皆可不择手段。可是,这里既非情场也非战场,这是商界。

悲哀的是,你很难摆脱商业世界中这些带有战争和征服意味的比喻。每家媒体好像都有个自动模板,动不动就把有竞争关系的企业描述成对战双方。性会吸引眼球,战争也会,而商战简直就是财经版的毛片儿。

可在我们看来,这套思维模式根本毫无道理。

我们为和平而来,我们没有建造帝国的野心,我们没想着要统治某个行业、某个市场。我们希望人人都能活得好好的,我们也有自己想要追求的东西,但犯不着去抢夺别人的。

我们的市场份额有多大?不知道。我们不在乎,这个问题不重要。我们是否拥有足够的顾客,能付给我们足够的钱,好让我们付得起成本并赚取利润?是的。这个数字有没有逐年递增?有的。这对我们来说就够了。我们的市场份额究竟是2%、4%或75%,这都不重要。真正重要的是我们拥有一家健康的企业,以及良好的、适合我们的财务状况。成本可控制,产品能盈利。

再进一步说,要计算市场份额,你得先准确地界定市场的总体规模,才能算得出你占的百分比。此书出版之时,有超出10万家企业使用Basecamp,并按月付费。这为我们带来数千万美元的年度利润。我们很确定,在整个市场上这个数字大概只能算是一个微小的光点,但我们觉得这样挺好。我们为顾客提供满意的服务,他们也给我们带来满意的回报,这才是真正重要的事。把市场份额增长1倍、3倍还是4倍,这些都不重要。

有相当多的企业受攀比心的驱使，在行业里排第一、第二还是第三，这些都还不够，他们还要事无巨细地跟地位最相近的竞争对手做比较：谁家得了奖？谁家更赚钱？谁是媒体宠儿？为什么赞助那个会议的是他们而不是我们？

马克·吐温的话一针见血："攀比之心一起，快乐便荡然无存。"我们完全同意。

我们不跟别人比。别人在做什么，跟我们能做什么、我们想做什么、我们选择做什么，都没有半点关系。在Basecamp，没有你追我赶，没有兔子要逮，只有因干出了最漂亮的活儿而得到的深深满足感。衡量的标准就是我们自己的幸福感，以及顾客的购买量。

我们唯一会摧毁的东西，就是过时的创意。

"征服世界"的反义词不是"失败"，而是"参与"。成为市场中的诸多选择之一，是一种美德——因为你的存在，顾客多了一个实实在在的选择。如果你能欣然接受这一点，那么你就能更容易地把商业世界里的战争比喻抛在脑后——这就是它们应得的下场。

这是因为，在一天结束之时，你是愿意在想象中把竞争对手暴揍一顿呢，还是干脆忘掉他们，专心地做出你力所能及的最棒的产品？

我们的目标是：没有目标

季度目标，年度目标，豪气冲天、雄心勃勃的伟大目标。

"上个季度我们的销售额增长了14%，所以这次咱们争取做到25%。"

"今年争取员工人数破百。"

"让我们努力拿下封面报道，这样他们就不敢小看我们了。"

为公司制定目标的信念——永远要努力争取做得更大更好——是如此根深蒂固，以至于需要讨论的事情好似只剩下了一件：这个目标的野心够不够大。

所以你可以想象一下，当我们告诉别人我们不设目标的时候，他们会作何反应。一个目标都没有——没有顾客数量目标，没有销售目标，没有客户保留率目标，没有营收目标，也没有具体的利润目标（但公司要盈利）。真的，没骗你。

毫无疑问，这种反目标的理念让Basecamp成了商业世界的异类。我们成了少数族群,被当作那种"啥也不懂"的公司。

我们当然懂,我们明白商业世界的运作规律——我们只是不在乎它。我们不介意在桌上留下点钱,也没必要把柠檬里的每一滴汁水都挤干榨净,反正最后那几滴果汁总是酸涩的。

我们对提升利润有没有兴趣?有。增加营收呢?有。变得更加高效?有。把产品做得更加简单易用、速度更快、用处更大?有。让客户和员工更开心?有,当然有兴趣。我们喜欢迭代和不断改进吗?那还用说!

我们愿意做得更好吗?向来都是。但是,我们愿意通过不停地追逐目标,把"更好"做尽做绝吗?谢谢,免了。

这就是为什么我们在Basecamp不设目标。从创立第一天起,我们就没设过目标,如今,将近20年后,我们依然不要目标。我们只需要每天都尽最大努力,一天天走下去。

但是,我们也曾短暂地改变过想法。我们画了个又大又圆的靶子,定下了一个诱人的9位数作为营收目标。"为什么不呢?"我们心想,"我们能做到!"但是,追了一阵子之后,我们停下来反思。"为什么不呢?"这个问题有了非常清晰的答案:(1)假装关心一个自己编造出来的数字,这让我们感觉特别虚伪;(2)为了实现那个目标,就得在企业文化上做出妥协,但我们不愿意。

让我们直面真相吧:目标是个虚假的东西。几乎所有的目标都是为了设定而设定的。这些编造出来的数字滋生出不必要的压力,直到人们实现它或放弃它为止。等到这两种情况出现,你又会再编造一个新数字,然后再度扛起压力。在这种季度性的求胜竞赛中,没有停下来喘息的余地。一年有4个季度,10年就有40个。每个季度都得设一个期望值,然后实现它,超越它。

你为何要这样对待自己和公司?漂漂亮亮地、创意十足地完成工作已经够难的了。建立一个长青的、可持续的、令员工感到幸福的公司也是一样。所以,为何要把一个人为编造的数字悬在自己头上,压在你的工作、薪水、奖金和孩子们的大学基金之上,让自己终日不得安宁?

何况,目标这件事还有更加黑暗的一面。为了追逐这些虚假的数字目标,企业往往要在道德准则、诚信和正直方面做出妥协。落后于目标的时候,善良和诚信好似没那么重要了。利润数字需要向上抬一点儿?那就暂时对质量睁一只眼闭一只眼吧。这个季度还差80万美元才达标?那把退货手续改得麻烦些。

你试过注销手机号码吗?这个操作本身并不复杂。但许多电话公司把它变得繁难无比,因为他们有顾客保留率的目标。他们故意把注销手续弄得很麻烦,好让自己更容易达标。

就连我们也没能对这些压力免疫。在努力达成那个9位数目标的几个月里,我们不得已启动了几个项目——往好里说,这些项目让我们有些不安,往坏里说,我们觉得有些下作。比如说,为了获得客户,我们在脸书、推特和谷歌上花大价钱做了宣传推广。我们开出支票,助推了网络对隐私的侵犯和对注意力的割裂，这让我们十分难受。可我们还是暂时闭上了眼睛，因为我们就快接近那个庞大数字了呀。去它的吧！

做一件真正勇敢的事情，怎么样？不要靶子，不要目标？

一个目标也不设，你照样可以运营一个伟大的公司，绝对可以。做实事用不着仰赖虚假的数字。如果你非得有个目标不可，那来个简单的怎么样？让公司生存下去，好好服务顾客，或者成为一个能让员工开开心心来上班的地方。这些目标不太容易量化，但并不等于它们不重要。

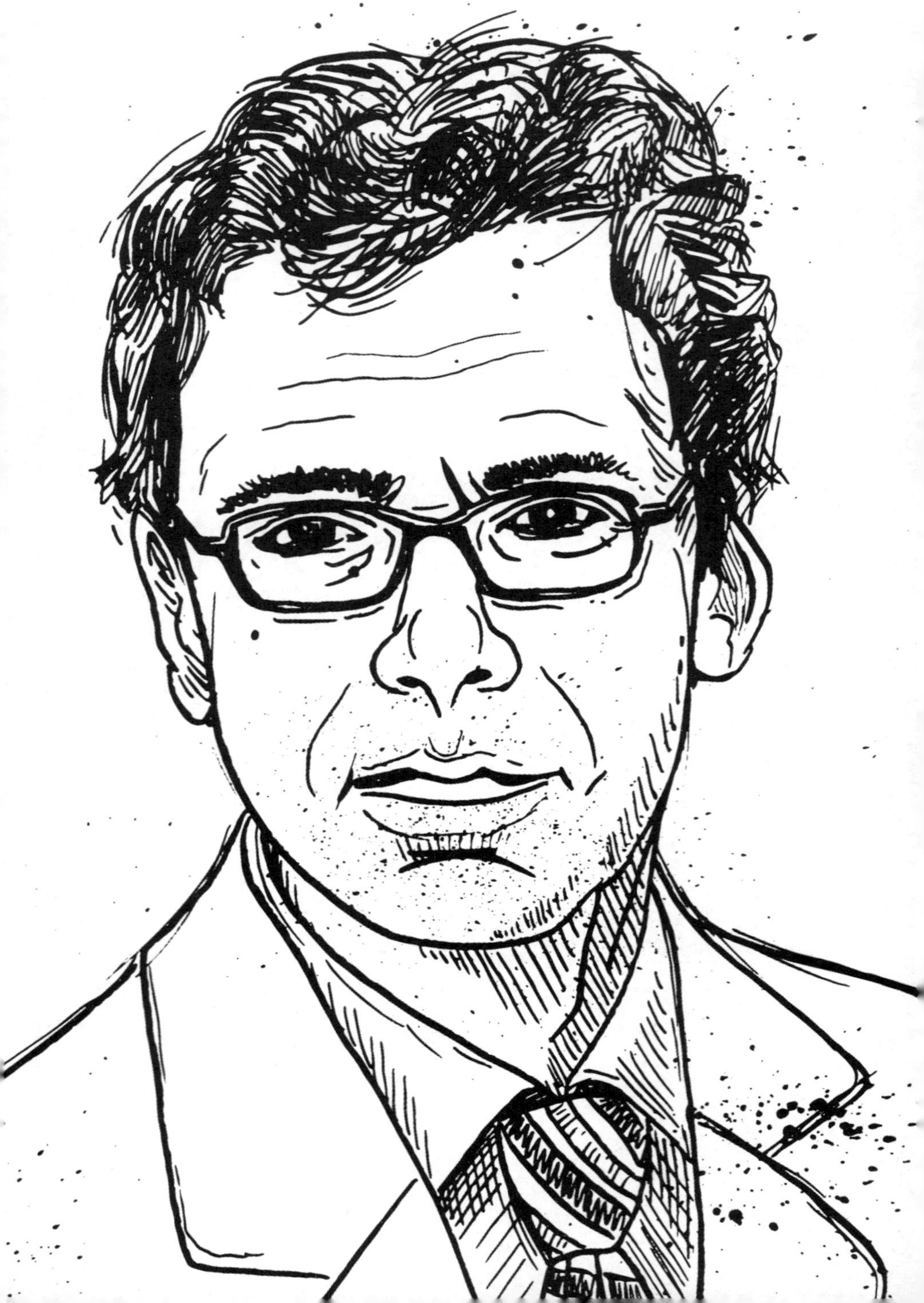

阿图·葛文德（Atul Gawande），一位写出了4部畅销书的外科医生，他将自己25%的时间预留给那些计划之外却十分重要的事情，免得被电子邮件和会议淹没。

别总想着改变世界

膨胀的野心令商业世界深受其害。单是做出一款优质产品或提供优质服务已经不够啦,那有什么了不起,如今大家琢磨的都是"如何让这个史无前例的新物种去改变一切"——它能立即引发一千场变革。省省吧,别吹了。

最能体现这种心态的,莫过于人们对"颠覆"的迷恋。如今人人都想当个颠覆者,打破一切规则(还有不少法律),终结每一个现存的行业。可是,如果你把自己的工作定位成"颠覆",那它八成并不是。

Basecamp没打算改变世界。它只想让企业和团队能够更加简便地沟通和协作。这绝对是有价值的,是一个绝佳的业务,但我们并没有重新书写历史。这样也挺好啊。

如果可以不再想着改变世界,你就卸下了一副沉重无比的担子,你周围的人也会如释重负。在为何每时每刻都要工作的问题上，你不再有方便的借口。即便你在合理的时间下班回家了，明天照样还有机会踏踏实实地好好干一天活儿。

这样一来，你就很难为晚上9点的会议或周末赶工找理由了。此外还有一项附加福利：下次家庭聚会，当你跟人解释你是做什么工作的时候，听起来就不会像个夸夸其谈的吹牛大王了。"我是干什么的？哦，我在'爱宠险'工作——我们通过颠覆宠物健康保险行业来改变世界。"你听听。

踏踏实实地干出漂亮活儿，跟顾客、员工和现实世界打交道时做到公平正直，给跟你打交道的人留下一个深刻的印象，少操心改变世界的事儿（或者压根就别想！）。很有可能的是，你改变不了世界；即使你真想这么做，世界也并不会因为你嘴上说说就改变。

边走边摸索

在Basecamp我们从不做宏伟的计划——公司不做，产品也不做。我们没有5年计划，没有3年计划，没有1年计划——啥都没有。

创立这家公司的时候我们没有计划，管理它的时候也没有。将近20年来，我们以几周为一个周期，边走边摸索。

在有些人看来，这样做未免有些短视。他们可能是对的，我们看的确实是眼前的事情，而不是能想到的一切事。

短期计划背负了不公正的恶名。每隔6周，我们会决定下一步要做什么，这就是我们唯一的计划。任何超出这个时间范围的事情，都是"或许吧，到时候看"。

坚持做短期计划之后，你就可以经常调整想法了。这是多大的解脱啊！制订完美计划的压力减轻了，与之相关的一切重负也不见了。我们相信一个非常简单的道理：要想把舵掌稳，那就在前行中及时做出微调，一千次也不怕，肯定比一上来就猛打几次舵轮强得多。

更何况，长期计划会让人产生一种虚假的安全感。你其实并不知道世界在未来5年内、3年内甚至1年内会变成什么样子，你越早承认这一点，就越能轻松前行——你不必再担心自己是否提前数年做出了错误的重大决策。当你不再做预测的时候，心里就踏实了。

在企业经营中，许多焦虑都来自这一点：管理者意识到公司走上了错误的方向，可由于"计划"在那儿挡着，调整方向为时已晚。"我们按计划执行了啊！"把一个糟糕的想法执行到底——只是因为在某一时刻它看上去像是一个好想法——是一种悲哀的、对精力和人才的浪费。

一样东西离你越远，就越是模糊。未来就是如此，而且它还充斥着上百万个你无法掌控的变数。关于决策，你能掌握的最佳信息是在执行的时候获得的。我们等待这样的时刻来做出明智的决定。

舒适环境有什么错？

有个说法是，你得不断地逼迫自己离开舒适环境。在管理箴言中，你经常能看见这种仿佛不证自明的废话：你正在做的事必须要让你感到不舒服，否则你就不够努力，对自己不够狠。这是什么神逻辑？

一定要不舒服或是忍受痛苦才能取得进步，这逻辑根本就是错误的。没有痛苦就没有收获，这话写在健身房海报上还不错，可练肌肉和干工作不是一回事啊。而且说实话，没必要通过受伤来变得更健康，对吧？

没错，有些时候，我们就站在重大突破的门槛上，迈出最后那几步确实会让人暂时感到不舒服，甚至是痛苦。但这是例外，不是常态。

总体来说，"为了抵达更高的层次，就必须突破某些东西"的说法并不适用于我们。对我们来说，见效的往往不是向外突破，而是潜心向内，去深挖，留在那个能带来最大收益的兔子洞里。令人成为大师的往往是深度，而非广度。

绝大多数情况下，如果某样东西令你感到不舒服，那正是因为它不对劲。不舒服的感觉是人类对有问题的或糟糕的情境的自然反应，无论它是无休止的长时间工作，还是为了给投资人留下深刻印象而夸大经营数字，或是把用户的隐私数据卖给广告商。如果你渐渐习惯于压抑一切不舒服的感受，你必将失去自己，也将失去你的道德准则。

相反，如果你能够倾听那种不舒服的感觉，并且离开那件导致这种感受的事情，你更有可能找到正确的道路。在经营Basecamp的这些年里，我们就多次做过这样的事。

当我们得知两个同样级别、做着相同工作的员工却拿着不同薪水的时候，我们不舒服了，正是这种感觉让我们改革了薪资制度。正是因为这件事，我们叫停了薪资谈判，改掉了同工不同酬的做法，代之一个更加简明的薪酬体系。

我们原先打工的那家公司拿到了大笔的风险投资，可在那儿的工作让我们感到不舒服。正是这种感觉让我们在做Basecamp时，坚守住了不拿投资、做一家独立又赚钱的公司的原则。

待在自己的舒适区里，是保持冷静的必要条件。

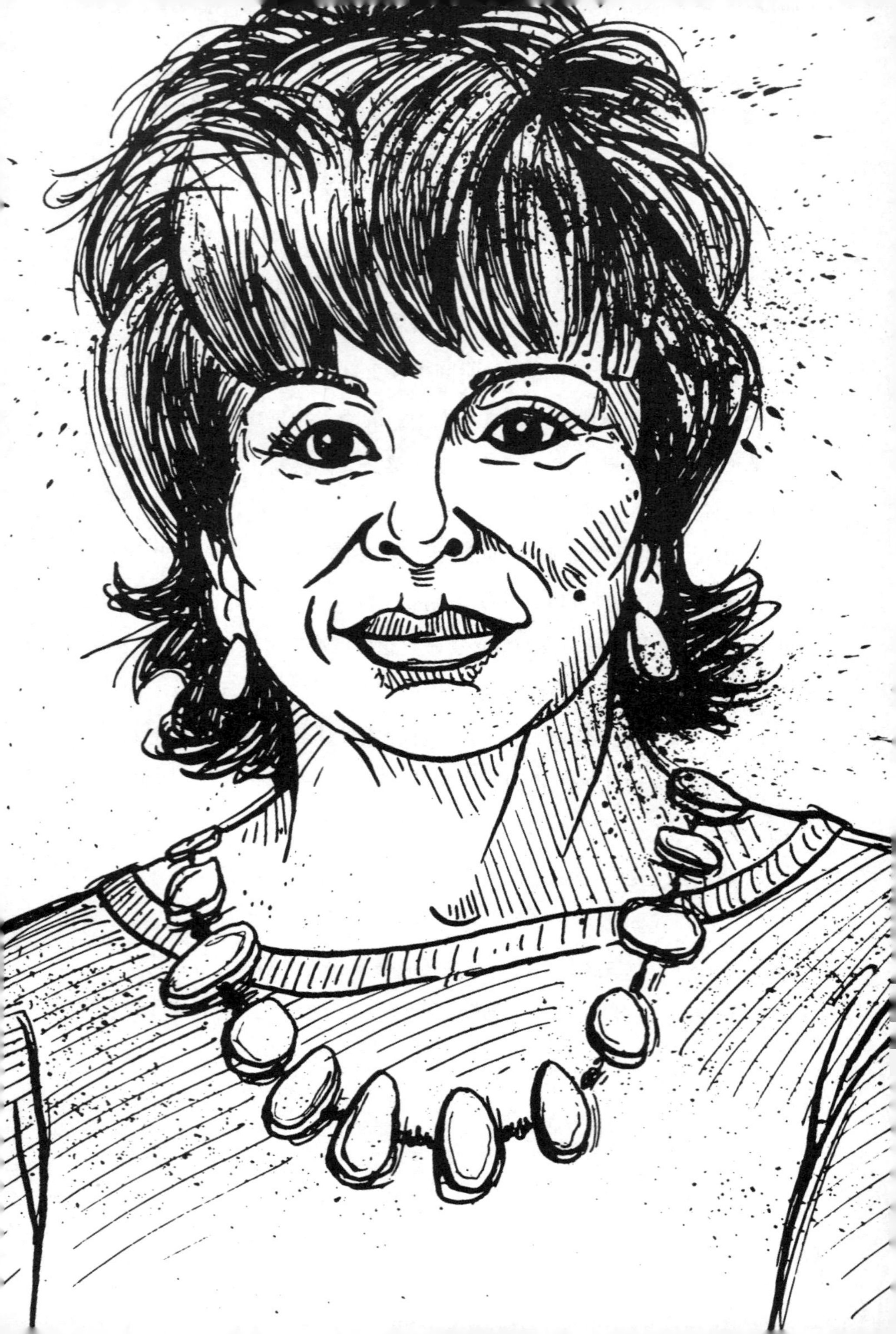

小说家伊莎贝尔·阿连德（Isabel Allende）有两个办公室，一个没有网络也没有电话，专门用来写作；另一个是用来处理管理性质事务之所。

Defend Your Time
捍卫你的时间

40小时足矣

每周工作40小时就足够了。足够你干出优质的活儿，足够你保持竞争力，足够你把重要的事情做完。

所以，我们在Basecamp的工作时长就是每周40小时，不会超过这个数，少于它也通常没问题。到了夏季，我们甚至把周五也放掉，每周只工作32小时，也依然完成了足够多的好活儿。

无须熬夜赶工，无须周末加班，也用不着说什么"我们正处在紧要关头，所以这周必须要工作70~80小时"之类的话。都不需要。

每周工作40小时，也就是每天工作8小时。说实话，8小时是很长一段时间了。从芝加哥直飞伦敦大约是8小时，你坐过这种横跨大西洋的航班没有？真是漫长的旅途！你总觉得，就快到了吧，可看看时间，还有3小时呢。

你的每一个工作日，都好比从芝加哥飞到伦敦。可为什么在飞机上的时间显得比办公室里长呢？那是因为在飞行途中没人打扰你，时间是连续的。你感觉这段时间很长，因为它确实很长！

办公室里的时间让人感觉比较短，是因为它被分隔成了十几个零碎的小段。绝大多数人的一个工作日并没有工作8个小时，而是只有两三个小时。余下的时间都被会议、电话会议和其他干扰给窃取了。因此，你虽然在办公室里待满了8小时，可感觉上像是只有两三个小时而已。

现在你可能在想，把所有事情塞进每天8小时、每周40小时的工作时长中，压力也太大了吧。并不是，因为我们从不硬塞。我们不会急吼吼地赶工，不干那种填鸭式的事儿，而是以从容的、可持续的步调工作。到了周五下午5点钟，本周的40小时完成之时，若是还有活儿没做完，下周一上午9点接着再做就是了。

如果按照每周40小时的步调，你想做的事情做不完，那么你需要锻炼自己的选择能力，把真正该做的事情挑选出来，而不是延长工作时间。在我们认为"必须要做"的事情中，绝大多数压根就没必要。这是个选择，而我们的选择往往都挺糟糕。

把不必要的事情砍掉之后，余下的就是你真正需要做的了。这时，你需要的就是每天工作8小时，每周工作5天。

保护主义

公司特别热衷于保护。

他们用商标和诉讼来保护自己的品牌。用法规、政策和保密协议来保护数据和商业机密，用预算、首席财务官和投资来保护金钱。

他们保护了那么多东西，却总是没能护住最脆弱也最稀有的资源：员工的时间和注意力。

公司浪掷着员工的时间和注意力，就好似这两样东西是无限供应的，好似它们没有任何成本。可是，员工的时间和注意力是我们最稀缺的资源。

在Basecamp，我们把保护员工的时间和注意力视作最重要的责任。如果员工无法集中注意力，专注地工作一整天，你怎能期望他们把工作做好呢？被切分得七零八碎的注意力，根本就不能算是注意力了。

举个例子，在Basecamp我们没有进度汇报会。大家都知道这种会是怎么回事——某个人讲一会儿，分享一些进度计划，然后下一个如法炮制。这就是浪费时间。为什么？在同一时间里把所有人集中在一起，看似很高效，实则不然。而且这样做的成本也很高。8个人聚在一个房间里开1小时会，成本不是1小时，而是8小时。

相反，我们请员工在有空的时候，把每天或每周的进度更新发布在Basecamp平台上，供其他同事参考。这样一周会节省下几十个小时，也让员工有了不受干扰的大块时间。会议把时间切分成"会前"和"会后"，而把这种会议彻底取消之后，大家忽然就有了充裕的整段时间，可以专注地工作了。

如果用花钱来打比方的话，时间和注意力最好是大笔大笔地花出去，而不是换成零钱和硬币，散碎地用——把大块时间用在高价值的、缜密的工作上。如果没有这个条件，你就得费心去搜寻能专心做事的时间，被迫把要完成的项目安插在所有那些并非必要、却必须得做的日常事务中。

难怪人们感到力不从心。他们把工作时间延长，熬夜加班，把周末也拿来赶进度。可不这样做的话，他们上哪儿去找不受打扰的时间呢？有些人渴盼着上下班通勤的那段时间，因为这是一天中唯一能留给自己的时间了。想到这个，真让人感到难过。

所以，当个保护主义者吧，但要记得保护最重要的东西。

高质量的 1 小时

切分60分钟有很多方法:

1×60=60

2×30=60

4×15=60

25+10+5+15+5=60

上面这些算式的结果都是60，可效果却完全不同。数字一样，可质量完全不同。我们追求的一小时，是1×60。

分成数段的1小时并不能算是1个小时，只能算是零碎时间的堆砌。如此低质量的输入，真的很难做出任何有意义的事情。高质量的1小时是1×60，不是4×15。高质量的一天至少应该有4×60，而不是4×15×4。

时间被切割成零碎的小段后，你很难高效率地工作，但你会很容易感受到压力：你用25分钟打了个电话，接下来花了10分钟跟一个拍你肩膀的同事聊了会儿，手头上的事情刚做了5分钟，有人叫你去参加讨论，结果你在一件根本无须占用你注意力的事情上又浪费了15分钟，最后你只剩下5分钟来做想做的事情了。难怪人们会变得脾气暴躁。

而且，在你努力一心多用、应付场景转换的时候，你必须得把缓冲时间考虑进去。头脑放下上一件事，转而处理下一件事的时候，是需要时间的。就这样，当时钟走到了5点时，理论上你已经在办公室里待了8个小时，可你却在自问："我今天到底都干了些什么？"你知道自己人在这里，可一个又一个小时都是轻飘飘的，因此它们都不留痕迹地溜走了。

仔细审视一下自己的时间。如果你的时间都是零碎的小段，是谁，或什么原因把它切分成了这样？是其他人在干扰你，还是你在干扰自己？你能做出哪些改变？在1个小时内，你在同时处理几件事？一次做一件事的意思，不是这件事做完，下一件事就飞快接上，然后再来处理第三件，而是说，一次投入好几个小时（一整天更好）去做一件大事。

问问自己：上次你能把完全不受干扰的3个甚至4个小时留给自己和工作，是什么时候？我们曾在一个600人的大会上提出这个问题，举手作答的还不到30人。你答得出来吗？

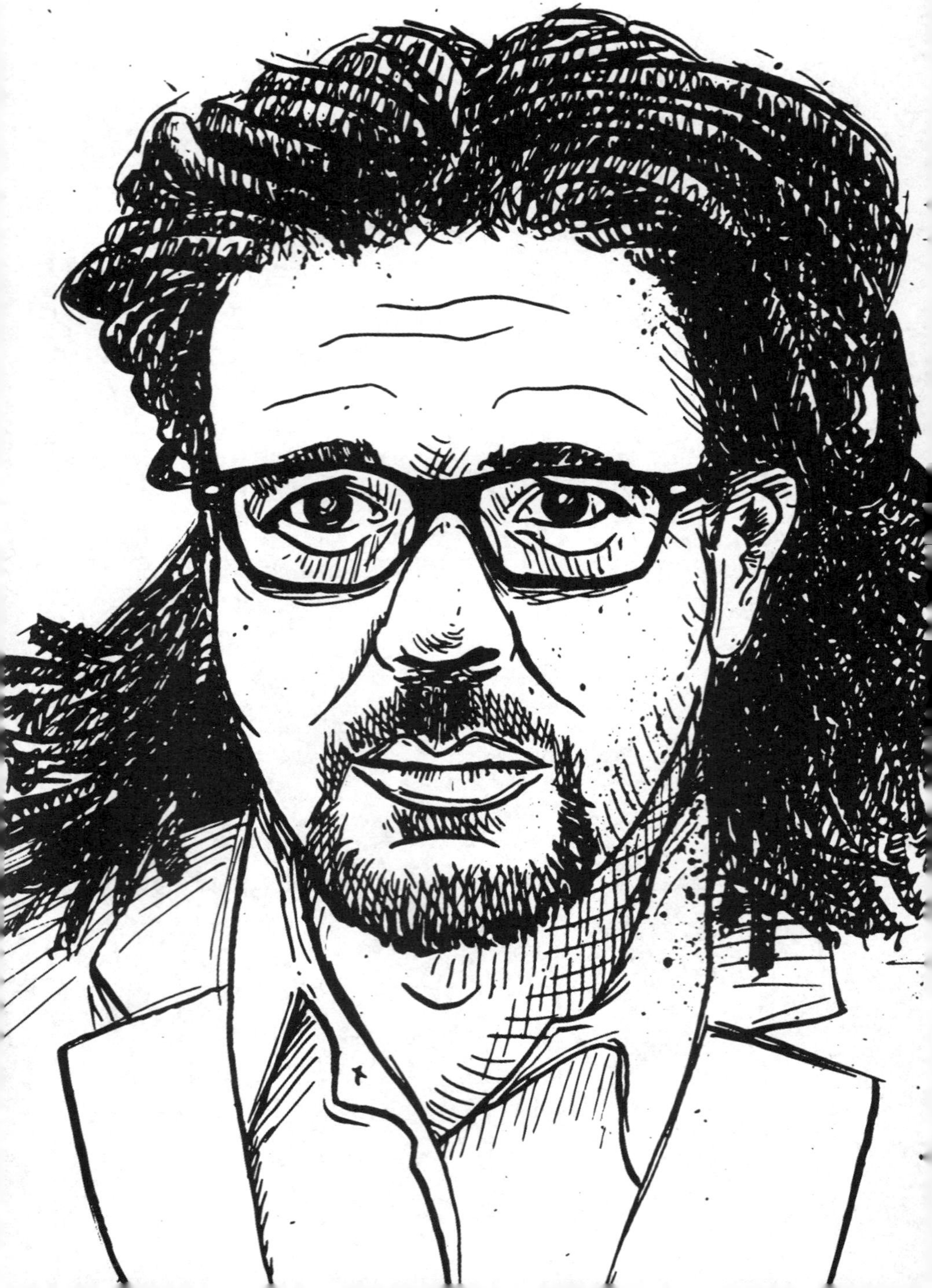

获得普利策奖的作家科尔森·怀特黑德（Colson Whitehead）每天只写作5小时。一个写作项目完成后，他会给自己放一年的假，打打电子游戏，下厨做做饭，然后再开始下一个项目。

高效比高产更重要

这些日子，人人都在谈论提高产能。市面上有无穷无尽的方法和工具，都承诺能让你变得更加高产。可"更加高产"到底是什么意思？

高产是用来形容机器的，不是形容人的。把一定数量的任务填到一个时间段里去，或是力求把更多任务塞进更短的时间里去，这是毫无意义的做法。

机器可以每天24小时、每周7天地连轴转，人不行。

如果人们把注意力放在高产上，到最后，他们就会一心让自己忙碌起来。每一分钟都要填满，而且永远有更多事情等着！

在Basecamp，我们不推崇忙碌，我们推崇高效。投入的精力能减少吗？要做的事情能砍掉多少？我们的清单里写的不是"哪些事情要做"，而是"哪些事情不要做"。

高产指的是把时间全部占上——把时间表填到不能更满，然后尽你所能，做得越多越好。而高效指的是找出更多未被侵占的时间，留给工作之外的其他事——留给休闲放松，留给家人和朋友，或者留出时间，什么也不干。

　　没错，什么也不干是完全可以的。更妙的境界是，没有值得做的事情了。如果你当天的工作只需3小时就能完成，那做完了就停下。不要只为了让自己保持忙碌，或是拥有高产的感觉，就再用5个小时的工作把这一天填满。利用时间的一个妙招就是，不做不值得做的事。

比别人更努力，就能出类拔萃？

就算你再怎样努力，也没法超过全世界所有人。在这世上的某个地方，总会有人愿意跟你一样卖力，跟你一样渴望成功……或许比你更加渴望。

你可以比别人工作得更努力、时间更长——能做出这种假设，就说明你高看了自己的努力程度，低估了别人的付出。你干了1001个小时，别人干了1000小时，这对你的输赢并没有实质性的帮助。

更糟的是，管理层赞扬这样的员工，认为他们有良好的职业道德——因为他们始终待命，随叫随到，永远在工作。这是对职业道德的严重曲解，同时也是"工作过度"的典型案例。

良好的职业道德指的不是随叫随到，而是说到做到、踏踏实实地做好每一天的事。尊重工作，尊重顾客，尊重同事，不浪费时间，不给别人制造不必要的麻烦，不做瓶颈。职业道德指的是做一个最根本的好人：值得他人信赖，是令人愉快的工作伙伴。

那么，如果出类拔萃的关键不是比别人更卖力，又该是什么呢？

有些人之所以能出类拔萃，是因为他们有天赋，有运气，遇上了天时地利；因为他们知道如何与他人合作，如何推销自己的创意；他们知道什么东西能打动人，会讲故事，知道哪些细节重要，哪些不重要；无论身处何种情境，他们既能看清大局，也能看到细节，而且懂得如何抓住机遇，顺势而为。成功的因素还有很多很多。

所以，把"比别人更努力"的念头从脑子里清除出去吧。别再把职业道德跟超长的工作时间画等号。它既不能帮你领先一步，也不能帮你冷静下来。

上班时反而没法完成工作，为什么？

问问人们在必须完成工作的时候会去哪儿，你极少能听到这个答案：办公室。

没错。当你必须把工作做完的时候，你极少会去办公室。如果必须要去的话，也是在清晨、深夜或周末的时候。只要是没别人在的时候就行。而在这种时候，它甚至已经不算是"办公室"了，只是一个无人打扰的安静空间。

太多人再也无法在上班时完成工作。

可这完全不合理啊。公司花了大笔的钱购买或租赁写字楼，再往里头塞满桌椅和电脑，然后又做出种种安排，好让任何人都没法在这个地方把工作干完。

当今的办公室已经成了干扰中心。刚一进门你就成了靶子，人人都可以找你说话，向你提问，找出点事儿来烦你。等你走进屋里，又有人来找你参与问卷调查、质询或是把你拉去开会。开完一个，还有一个，讨论的是另一次会议的事儿。在这么一个环境里，你怎能指望有人能把工作做完？

人们常责怪脸书、推特和YouTube，说它们是干扰工作的罪魁祸首，如今这种指责已经成了一种时尚。可它们并不是问题所在，它们造成的影响并不比30年前老派的"抽烟休息时段"更大。那时候，香烟是罪魁祸首吗？

工作中最大的干扰并非来自外界，而是来自内部：到处溜达，经常询问工作进度的管理人员；收效甚微，却又连带出下周另一个会议的会议；沙丁鱼罐头般拥挤的格子间；销售部响个不停的电话铃；楼下食堂喧闹的人声。这些都是与现代办公室相伴相随的、有毒的副作用。

你有没有注意过，自己在火车或飞机上能做完多少事？或者在度假的时候（虽然这听起来有点变态）？当你躲到地下室的时候？或者在某个周日下午晚些时分，当你无事可做，只好打开笔记本电脑敲键盘的时候？正是在这样的时刻——不上班的时候、远离办公室的时候——你最容易把事情做完。因为这些都是"零干扰"地带。

人们的工作时间越来越长，睡得越来越晚，并不是因为工作量一下子加大了，而是因为他们再也没法在上班时完成工作！

答疑时段

Basecamp有各个领域的专家：统计学、JavaScript[1]、数据库、网络诊断，还有棘手的稿件审读。如果你在我们这里工作，又遇到了问题，那么你只需要找个专家就能得到答案。

这可真棒，但也真糟。

当正确答案能够开启思路或帮助工作取得进展时，这真棒；可是，当专家应付完一天里的第5个问题，突然发现这一天已经结束了的时候，这就太糟了。

提问的人需要答案，而且他们得到了。知道答案的人正在干别的事儿，却不得不停下来。这可不是个公平的交易。

当提问变得太容易——也就是你一遇到某个问题就可以去问

1　JavaScript 是一种直译式脚本语言，被广泛用于网页开发。

别人的时候（而且这样做往往是被允许的），麻烦就来了。绝大多数问题并没有那么急迫，可马上找个专家问一问的冲动却是难以抑制的。

如果这些专家在这里工作的唯一目的就是解答问题，一天之内任何人都可以来提问，那也行，听上去不错。可我们的专家也有自己的事情要做啊。两者没法兼顾。

设想一下，如果某个专家经常被别人打断，人人都可以向他提问，那他的一天该是什么样子。一天下来，他们可能一个问题也没解答，但也可能遇上三五个，或是十几个，这种事谁能确定呢。更糟糕的是，他们不知道这些问题什么时候会来。如果人人都能随机占用你的时间，你就没办法规划自己一天的安排。

于是我们从大学里借来了一个点子：留出专门的"答疑时段"。在Basecamp，每个特定领域的专家都会公布自己的答疑时段。有些人会把每周二的下午空出来，有些人会每天留出1小时。全凭专家们自己决定。

可是，如果你周一遇到了问题，可专家直到周四才能答疑呢？等着呗。先去做别的事，等到周四再问，或者你自己去想办法，在周四前搞清楚。就像念书时一样，你必须等到教授有空时才能向他讨教。

乍一看，这种工作方式效率挺低的，甚至还有点官僚，但我们不这么看。"答疑时段"这个做法在Basecamp大受欢迎。

事实证明，绝大多数时间里，等一阵子没什么大不了的。

可专家们重新收回的时间和掌控感却意义重大。他们的工作状态变得更加镇定从容，不受打扰，可以安心做事的时段增长了，而且，在预先规划好的答疑时段内，他们可以用更加专业的面貌来分享和传授知识，帮助他人。

对提问的人来说，答疑时段是值得盼望的；对专家来说，设定好这个时间段之后，就可以把它放下，安心工作了。这个方法对每个人都很有好处。

所以，把你的办公室门敞开吧——但仅限每周二上午9点到中午！

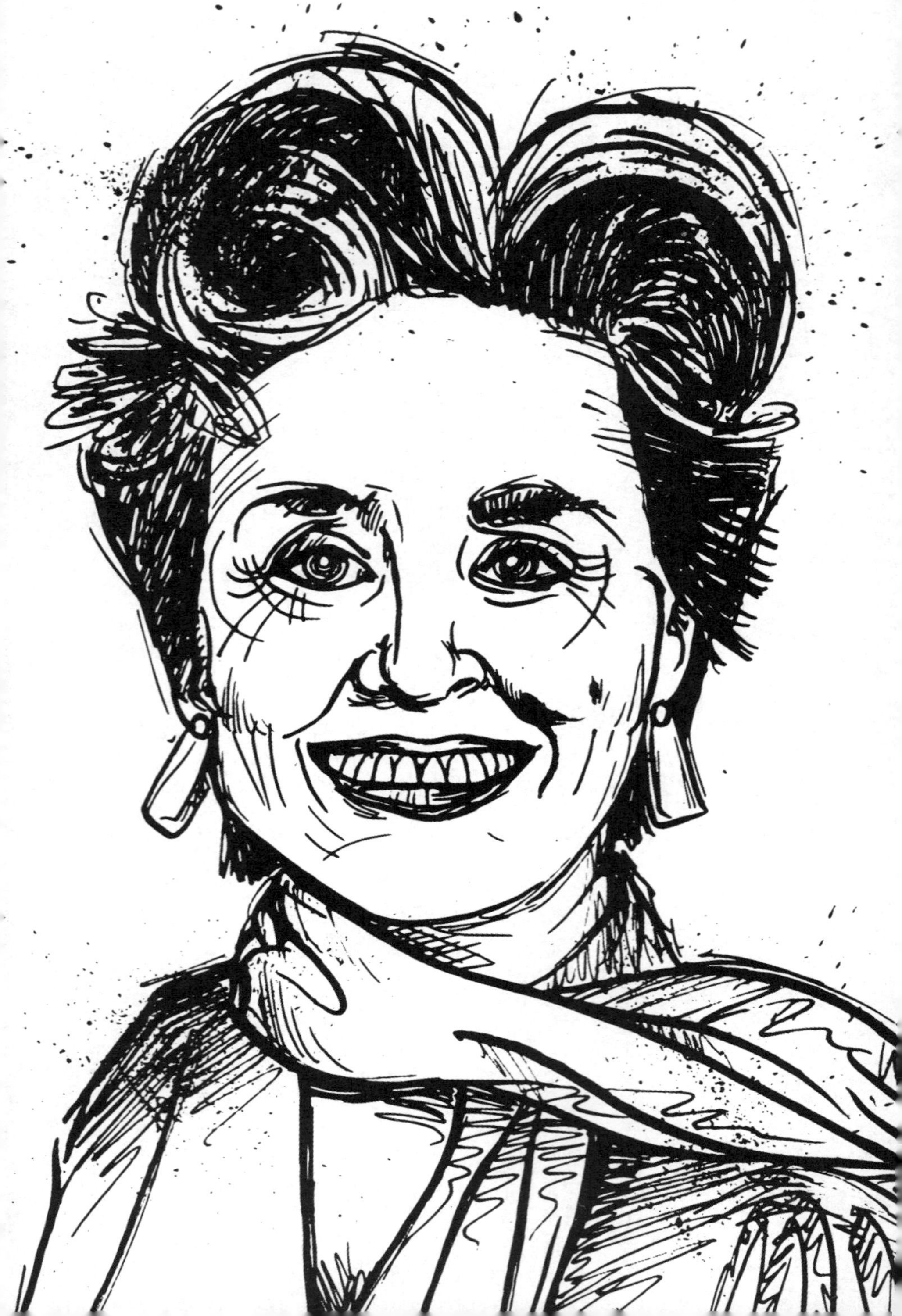

引领了"慢食运动"的名厨艾丽斯·沃特斯（Alice Waters）以散步或生火来开始新的一天。

俄罗斯方块

共享日程表是现代社会最具破坏性的发明之一。它引发了太多干扰和纠缠，制造出了太多麻烦。

在Basecamp，要想看到别人的日程表，你得跟人家直接协商，这可是个漫长的谈判过程，不是自动开放给你、唾手可得的便利。你必须要有理有据，才能达到目的。你没法直接找到某人的日程表，找到一个空档，然后插个标记把那个时段占上。这是因为在Basecamp，没有一个人能看到其他人的日程表。

这简直是对通行做法的公然违背啊——在我们研究过的公司里，几乎每一家都与此相反。在绝大多数公司，每个人都能看到其他人的日程表。一个人的日程表不仅是公开的，还经过了改进和优化——任何一个人都可以去添上一笔。人们得到鼓励，可以非常高效地用各种花花绿绿的色块，把别人的一天切分成一个个30分钟的碎片。

最近你看过自己的日程表吗？你自己填上的内容有多少，其他人填上的有多少？

当你毫不费力就能在别人的日程表里添上几笔的时候，那么，你对"工作时间被切割得七零八碎"的问题就无须感到惊讶。更有甚者，如果你允许一个人轻轻松松就能召集到另外5个人开会——因为软件会自动找到每个人的空白时段——那么6人会议的数量必将暴增。

占用别人的时间应该是个极为繁难的事情才对。同时占用好几个人的时间，这种操作应该复杂到想想就头大，让绝大多数人试都懒得试——除非要商议的事情万般重要！开会应该是万不得已的手段，尤其是大型会议。

别人占用你的时间无须付出任何代价，可你的代价却大了去了。只有拥有充足的高质量时间，你才能做出高质量的工作。因此，当某人把时间从你手中夺走的时候，就相当于毁掉了你"踏踏实实地工作了一天"的成就感啊。真正取得进展才会让人感到由衷的满足，光是嘴上说说可不行。但这种满足感被人抹杀了。

如果你对自己的大多数时间都掌控不了，那你就不可能冷静下来。你会经常感到压力，觉得自己安心做事的能力被人夺走了。

人们很容易为共享日程表找到辩白的借口："我只不过是在发出邀请嘛！"可没人好意思拒绝别人的邀请，没人希望被别人看成"很难打交道"或"请不动"。可以被人随意添加的日程表就好像俄罗斯方块游戏，不好意思拒绝，就只能任由方块一个接一个地掉落下来，直到自己的一天被堆砌得满满当当——游戏结束。

如果没有软件帮助，你就懒得去安排会议，那就干脆别折腾了。这说明这个会议压根就没那么重要。

当下的牢狱

在Basecamp有个基本原则:没人知道其他人正在做什么。他们在工作吗?不知道。在休息吗?不知道。他们在吃午饭吗?不知道。在接孩子放学吗?不知道。没人在乎这些。

在Basecamp,我们不要求大家汇报自己的实时行踪。没有坐班要求,远程工作时也无须显示虚拟状态。

"可是,如果你看不见他们,你怎么知道他们在工作?"那你想想这个问题:"就算你看得见他们,你怎么知道他们在工作?"你不知道啊。看工作有没有做完的唯一方法,就是去检查实际的成果,这是老板的职责。如果员工做不好工作,那你就该另请高明。

技术让这个问题变得更加糟糕。现如今,不光是老板想知道你在哪儿,人人都想知道你在哪儿。随着聊天工具入侵了办公场所,越来越多的人被要求随时播报自己的实时状态。他们好像被绑到了小小的光点上——绿点代表在岗，红点代表不在。

可是，当每个人都能看到你"在岗"的时候，这无异于发出了可以被打扰的邀请。你的脑门上好似挂出了一排霓虹灯，一闪一闪地亮着"欢迎打扰"的四个大字。你可以试试看，3个小时标注"在岗"，3个小时标注"不在"，我敢打赌，肯定是标注"不在"的时候干的活儿多。

如果你需要跟某人说个事儿，可你不知道他们在不在呢？直接去问啊！如果他们回复了，那你就能得到想要的东西。如果没有，并不代表他们在无视你，而是因为他们正在忙。尊重这一点！假设他们正在埋头做自己的事情。

有例外吗？肯定有。在真正的危急时刻，知道每个人在干什么是很有帮助的，可你不能为了这1%的特殊情况，就要求其余99%的普通时刻也这么干啊。

所以，向冷静管理迈出一步，别再让大家实时播报自己的状态。员工的状态应当是不言自明的：我正在努力工作，请尊重我的时间和注意力。

即时回复

对即时回复的期待犹如一根导火索，引发了太多的险情。

先是有个人给你发了封邮件。如果几分钟内没有收到你的回复，他们就给你发条消息。还是没回音？那他们就给你打电话。然后他们就会问别人，你上哪儿去了。于是那个"别人"就把上述过程重复一遍，好引起你的注意。

突然之间，你就被人从手头的事情中拽走了。这是为什么？是十万火急的事吗？那行，没问题！他们没错。可如果不是急事呢？几乎从来都不是急事——那他们就不该这样做了。

在绝大多数情况下，对即时回复的期待都是毫无道理的。然而，随着越来越多的实时沟通工具侵入日常工作——尤其是即时信息系统和群聊工具——对即时回复的期待已经成了常态。

这不是进步。

人们一般是这样想的：如果我能飞快地发消息给你，你就也能飞快地回复我，对吧？技术上说，没错；但现实中，这是错的。

你把消息发给别人的速度有多快，跟人家回复你的速度没半点关系。决定回复速度的是沟通内容本身。紧急事项？好的，回复你。你想让我把上周发给过你的东西再发一遍？这事可以等。你想问个问题，但其实你自己也能找到答案？这事可以等。你想知道3天后客户几点到？这事可以等。

几乎所有的事情都可以等。几乎所有的事情都应该等。

在Basecamp，我们努力创造出一种非即时回应的文化。如果一个问题并不紧急，那么3小时后再回复也无妨，没人会火烧眉毛。我们不但接受，还鼓励员工这样做：不要经常检查电子邮件、聊天工具或即时短信，给自己留出足够的、不受打扰的时段。

试试看。说完你要说的，然后回去工作，心里不作任何期待。等到对方有空、能够回复你的时候，你自然会得到回复的。

如果对方没有立即回复你，并不是因为他故意不理你——很可能是因为在工作。你等着的时候就没有其他事情可做了吗？

等一等不要紧，天不会塌下来，公司也不会倒闭。它只会变成一个更加冷静、镇定，工作起来更舒服的地方。对每个人都一样。

错失良机恐惧症

"错失良机恐惧症"指的是对错过信息或机会的恐惧和担忧。正是这种受折磨般的心情,导致人们不由自主地不断刷新推特、脸书、Instagram、WhatsApp[1]和各种新闻App。手机一震,推送通知来了,人们就连忙拿起查看——这样的事情一天能重复几十次。有这种习惯的人可不在少数,这是因为他们在想:"万一是极其重要的大事呢?"(但从来就没遇上过大事。)

这种焦虑不仅仅局限在社交媒体,它已经逐渐渗透到了工作里。就好像电子邮件还不够让人焦虑似的,现在已经有了新一代的即时聊天工具来推波助澜——又是一个整天不间断地侵占你的注意力的东西,因为你生怕错过一丁点儿消息或机会。

---

1 WhatsApp 是一款用于智能手机之间通信的应用程序。

去它的吧。错过了有什么大不了！绝大多数时间里，绝大多数人就是会错过绝大多数事情啊。在Basecamp，我们倡导人们坦然面对它。别再担忧错失机缘了，淡定些！

有了淡定的心态，你就会关掉源源不断的信息流，关掉聊天工具，把各种干扰拒之门外，安安心心地把你该做的事做好。有了淡定的心态，你就会从容地通过次日一早的简报电邮，了解今天发生的事情，而不是整天魂不守舍地不断刷屏。淡定啊，亲，要淡定。

这是因为，着实没有必要让每个人都知道公司里发生的每件事，更加没必要立即知道！如果某件事很重要，那你肯定会知道的，而绝大多数事情都没那么重要。一家公司的绝大多数日常工作都是平淡无奇的，这是件美好的事啊。你是来工作的，又不是来抢新闻的。上班时的鸡毛蒜皮、丁点儿大的破事，都弄得跟突发新闻实时播报似的，这种毛病千万不能有。

在Basecamp，我们的一个应对办法是写月度简报。团队带头人把当月做完的工作和取得的进展写成简报，向全公司公开。把所有微末小事都总结成大家愿意去关心的要点。这就足以让大家都跟上节奏，但又用不着了解无关紧要的海量细节。

在当今的不少公司里，人们把工作中的每个细节都视作课堂里的突击测试。他们必须要知道每件事、每条数据、每个人名、每个活动。这是对脑力的浪费，更是对注意力的肆意浪费。

专心做好手头的工作。我们只要求这个，我们也只需要这个。如果有什么是你必须知道的，我们保证你会听说它。如果你天生好奇，嗯，这很酷，想知道什么就去跟进吧，但我们希望员工能体验到那种静谧的、笃定的、因专注而生的快乐，而不是陷在令人抓狂的，对"错过某些事情"的恐惧之中——反正那些事情都并不重要啊。

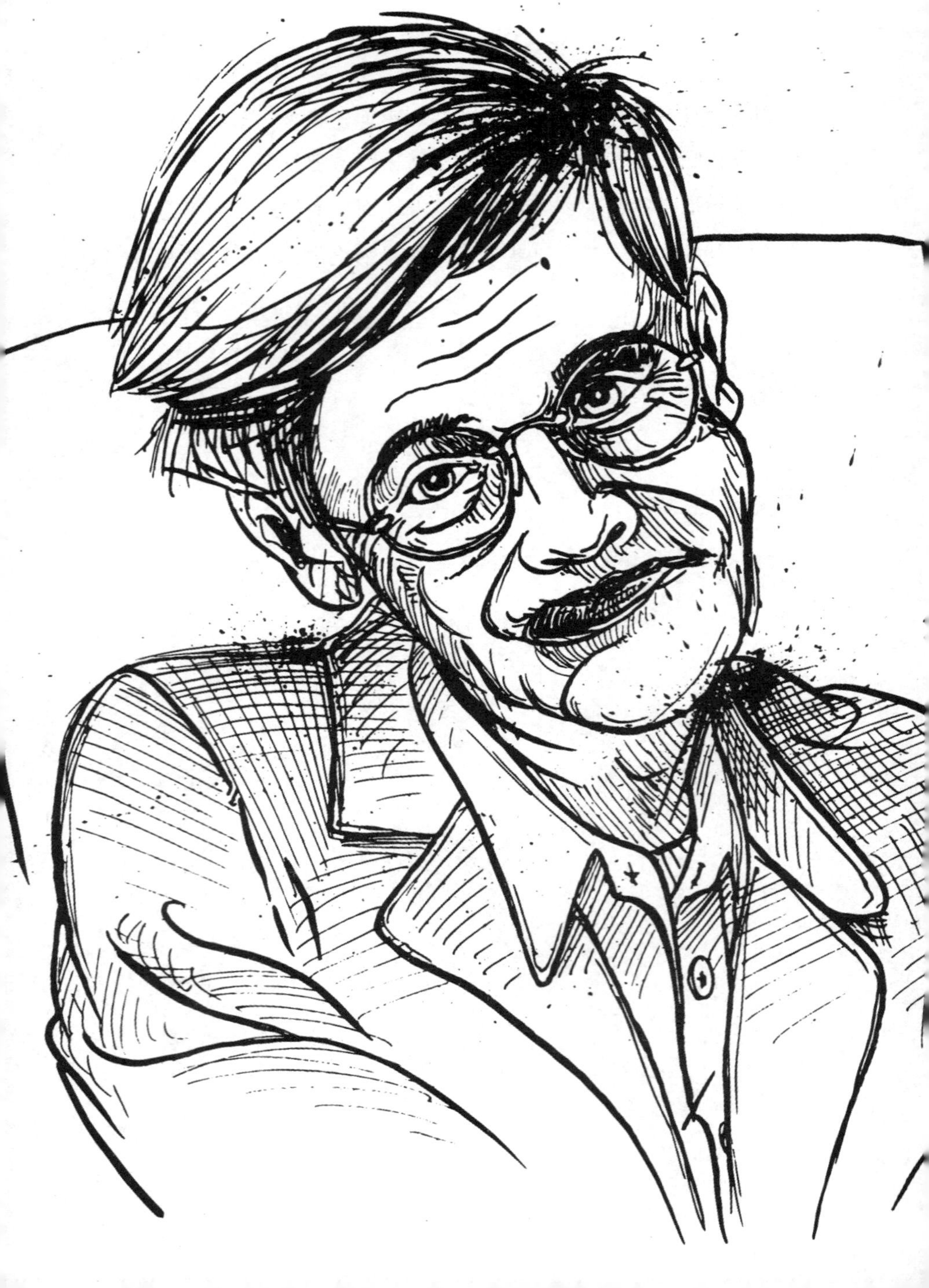

物理学家斯蒂芬·霍金（Stephen Hawking）用十分长远的视角看待研究和工作。他鼓励学生们抽出时间去做点其他的事，比如听音乐，或和朋友聚会。

Feed Your Culture

培养企业文化

我们不是一家人

有的公司喜欢宣扬"我们都是一家人"。不,你们不是。在Basecamp,我们也不是一家人,我们是同事。这并不意味着我们相互漠不关心,也不意味着我们不会尽力施以援手。我们相互关心,也乐于助人,但我们不是一家人。你的公司也是一样。

更进一步说,Basecamp也不是"我们的孩子"。它是我们的产品,我们会努力把它做得尽善尽美,可我们不会为它挡子弹。你对你的公司也是一样。

我们用不着瞎扯淡。我们这群人聚在一起工作,为的是做出产品,我们为此骄傲。这就足够了。

听见某些高管说他们的公司就像一个"欢乐的大家庭"的时候,请你当心。一般来说,他们的意思并不是无论你遇上什么事,公司都会保护你,也不是公司会无条件地爱你——你懂的,就像健康的家庭会做的那样。他们的意思更有可能是这个:他们要的是单向的牺牲——你的牺牲。

这是因为，一提"家庭"这个画面，不惜任何代价的勇猛情怀就油然而生啦。你工作到深夜，或是放弃假期也要干活，这不仅仅是为了给公司挣到更多的钱，不，不，你是在为"大家庭"做出奉献。唯有当某些人企图忽悠你，想让你忘掉合理的个人利益时，才会打出如此蹩脚的情感牌。

想要礼貌、尊重或善良，用不着非得假装是家人才行啊。这些价值观甚至可以表达得更加清晰彻底，比如在公司的原则中、政策中，最为重要的是在实际行动中。

况且，你不是已经有了家庭，或是一群情同手足的好朋友了吗？现代企业又不是街头黑帮，收留的全是孤儿，竭力要在冷酷的世界中为家族挣出一方天地。企图替代你很可能已经拥有了的家庭，不过是又一个花招而已，目的是把公司的需要置于你真正家庭的需要之前。这招太恶心了。

最优秀的企业不是家庭。它们是家庭的后盾，是家庭的同盟军。它们提供健康的、能让人找到成就感的工作环境，让员工能在合理的时间合上笔记本电脑，去做最好的丈夫、妻子、父母、手足和孩子。

榜样的力量

如果身为老板的你不能以身作则,那你就没法在公司里倡导合理的工作时间、充足的休息和健康的工作方式。当领头羊疯狂地超时工作的时候,余下的羊群铁定会有样学样。你怎么说不重要,怎么做才重要。

如果公司里层级很多,情况就更糟。如果你的顶头上司的上司树立了一个坏榜样,那种行为就会像雪球一样,从高处一层层滚下,而且越滚越大。

想想那些关于CEO们的老套故事:每天只睡4小时,第一个出现在停车场,早餐前安排三场会,午夜之后才关灯走人。真是劳模啊!真的是为了公司不要命啊!

不,这不是劳模。如果你感召部下的唯一方式就是累死累活地工作,那么是时候深入思考一下了。这是因为从上往下一点点滴落下来的,不大可能是崇拜,而是畏惧。一个树立了自我牺牲的榜样的领导者，必定也会要求他人自我牺牲。

在战场上，这或许是英勇的素质，可在办公室里就不是这么回事了。绝大多数公司的命运并不是由"谁能参加最晚的电话会议"或"谁敢订下紧迫到逼死人的时间期限"的惨烈竞赛决定的。

如果身为老板的你希望员工能好好休假，那你自己就得休假。如果你希望他们生病时能留在家里养病，那你就别吸溜着鼻涕进办公室。如果你不希望他们因周末带孩子去了游乐场而内疚，那你就在社交软件里贴几张你带孩子去玩的照片。

工作狂是一种传染病。如果你就是病源，那你是无法阻止它传播开来的。相反，去传播冷静和镇定吧。

信任犹如电池

你有没有遇上过这样的人际关系？对方做的每一件小事都让你感到不胜其烦。可单独看的话，那些惹恼你的事情其实都并不烦人。在这种情况下，有问题的从来不是那些小事。症结在别处。

工作中也是一样。有人说了句什么，或是做了某个举动，结果另一个人就气炸了。乍一看，这简直是反应过度嘛，又不是什么大事，但问题的症结在别处。

真正的原因在这里：信任电池已经耗尽了。

这个说法是Shopify的CEO托比亚斯·吕特克（Tobias Lütke）首先提出来的。有次接受《纽约时报》（*New York Times*）采访时，他这样解释："还有一个我们经常谈论的概念叫作'信任电池'。员工刚进公司的时候，这个电池的电量是50%。此后你每跟人打交道一次，你们之间的这节信任电池就要么充电，要么耗电，取决于你是否能兑现承诺的事。"

在Basecamp运用这个概念之后，我们能够更加清晰地评估工作关系了。面对冲突时，人们会很自然地用直觉去评判一个人对另一个人的情绪是否"正确"，其实这完全没道理。借助信任电池的概念，就可以放掉这样的直觉评判，转而去衡量电池"充电"或"耗电"的程度，从而也就有了评估冲突的依据。

信任电池的电量是过往一切互动结果的总和。如果你想为电池再度充电，那你今后必须要做一些与以往不同的事。唯有新行为和新态度才能起作用。

而且，这个过程是非常个人化的。爱丽斯与鲍勃之间的电量状态，肯定与卡罗尔与鲍勃之间的不一样。鲍勃与爱丽斯之间的电量可能有85%，和卡罗尔之间的可能只有10%。他对待爱丽斯的行为和态度改变了，并不意味着他与卡罗尔之间的电池就会充电。充电这件事基本上是因人而异的。正是因为这个，有些人常常无法理解："怎会有人跟我的好朋友合不来？"

信任电池的电量太低，正是工作中人际冲突的症结所在。它令人们之间的关系变得紧张焦虑。电池耗尽时，对方做什么都不对，你会用苛刻的眼光去评判他的每一个行为。10%的电量意味着，两人之间起冲突的概率会有90%。

想要在工作中拥有良好的人际关系，那就得用心经营。唯有当你坦诚地面对关系的真实现状，你的努力才会见效。最糟糕的做法就是假装你们之间的别扭感不重要，假装工作上的事都是"对事不对人"。这简直是愚蠢无知！事都是人做的啊，情绪必定会影响工作。

不要最后一个才知道

老板们会说:"我办公室的门永远开着。"可这话是个逃避的借口,而不是让员工进来畅所欲言的邀请函。这相当于把坦诚交流的责任全部推给了员工。

这种虚伪姿态唯一能起点作用的时刻,就是事情已经搞砸了的时候。此时老板就可以甩出这句话了,后头还可以跟上这句:"你为什么不来告诉我?"以及"我早跟你说过,遇到任何问题,都可以过来找我。"此处真该翻个大白眼。

老板最需要听到的,就是他们和组织有哪些不足之处。可谁知道自己的上司听见这种尖锐的反馈以后会作何反应?这是个雷区。每个员工都认识这样的人吧:由于在错误的时间跟错误的老板提出了错误的话题,此人就被"炸飞"了。你说,他们为何要因为这区区一句"敞开大门"的空洞承诺,拿自己的职业生涯冒险呢?

他们一般不会冒这个险,而且这个责任也不该压到他们头上。

如果老板真心想了解实情，做法其实就在那儿明摆着：开口去问啊！别问那种虚头巴脑、自吹自擂式的扯淡问题，比如"我们怎样才能做得更好？"而是一些尖锐的实在问题，比如"大家都不敢谈论的问题是什么？""你在工作中惧怕什么吗？""你近期的工作中，有没有哪件事是你希望能重新做一遍的？"或者是更为具体的，比如"你觉得我们下回应该换一种怎样的做法，才能帮助简妮做得更好？"或者"在咱们启动重新设计网站这个大项目之前，你有什么建议吗？"

如果你想向员工传达"实话实说是安全的"这个讯息，唯一的办法就是你先提出真实、坦诚、具体的问题。即便你这样做了，得到答案也还需要一段时间。没准第一次问的时候，你听到了20%的事实，然后过一阵子，你能听到50%了。如果你做得特别棒，确实是一个值得信任的老板，那你或许能听到80%。100%就别奢望了。

真相是，你在组织中的层级越高，能获知的事实真相就越少。这事听起来挺荒谬，可CEO往往就是最后一个才知道的人。越是位高权重，听到的真话就越少。

所以在Basecamp，我们努力做到走出去问，而不是坐在门内干等。当然，也不是时时刻刻都是这样，在你做好准备、愿意面对答案并采取行动之前，是不应该开口提问的。但是，我们问得足够频繁，足以让我们在绝大多数时间里都能知道公司里发生的绝大多数事情。

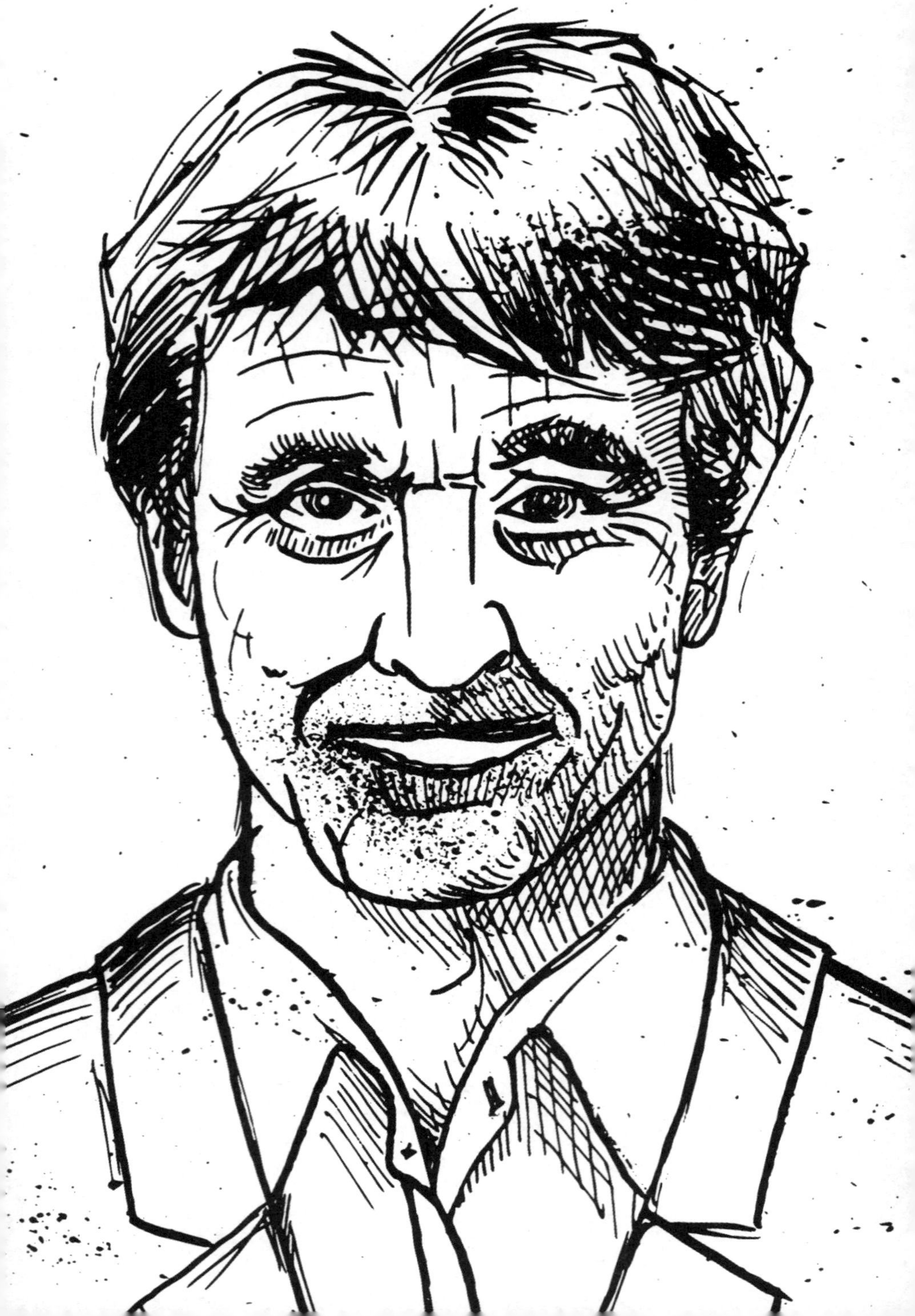

布鲁内洛·库奇内利(Brunello Cucinelli)，意大利同名奢侈品牌的创始人，禁止员工在下午5点30分之后工作，因为他深信，下班后还发电子邮件无异于入侵员工的私生活。

老板的话重千斤

从公司老板嘴里说出来的话，不可能是"随便建议一下"。如果给你发工资的人提到某件事，那这件事必定会成为最重要、最优先的任务。

所以，"咱们在Instagram上做的宣传够吗？"这么一句漫不经心的问话，就能把"Instagram宣传"提到营销部门工作清单的第一位。这不过是一句建议，员工却会把它当成命令。"若不是她真心认为Instagram超级重要，她怎会提起这事呢？"

如果员工发现老板已经开始自行动手解决问题了，事情只会更糟。"如果老板往那边看，显然我们也应该都往那边看！"老板有可能只是出于好奇，或纯粹是想找点事干，但员工们可不是这样理解的。

"为什么每个人干的活儿都很多，却没有一样完成的呢？"

导致这个问题的常见原因就是老板无意识地分散了员工的注意力。

　　组织的领导者不能总是向员工乱抛想法，做到这一点需要极强的自制力。那些想法犹如激起涟漪的小石子，抛出的小石子太多的话，池塘就变成烂泥坑了。

　　"可我只不过是提个建议嘛。"这样逃避责任的话是没法让水面平静下来的。唯有当你明白老板的话有千斤重之后，混乱才会平息。

低处的果子未必摘得到

你大概说过或听过这样的话吧:

"以前咱们从没雇人做过业务拓展,所以这个领域一定有大批大批长在低处的果子,不用费多大力气就能摘得到。"

"咱们从没利用过社交媒体,所以呀,想想会有多少新流量吧(长在低处的果子),发发推特就能搞定了。"

"我们从没跟进过取消续订的顾客,去帮助他们更清楚地了解放弃使用的原因。所以我敢说,这里头多的是低处的果子,只要做做回访就唾手可得。"

这都是我们曾经有过的想法,我们难辞其咎啊。对任何一家公司来说,去采摘"长在低处的果子"都是用不着动脑子的事儿。好机会就在面前摆着呢,伸手可及。花不了多少力气,回报却丰厚得很!

可随着时间的推移,我们渐渐意识到,问题在于,当你距离果子越远的时候,它看起来才越低。等你走近一些,你会发现它长得比你想象中高。我们想当然地认为它很容易摘,只是因为此前我们从没尝试过。

把一项不熟悉的任务比作长在低处的果子,基本上只能说明你对要做的事情一点儿都不了解。而预估一件你从没做过的事有多大工作量,那误差可能会有几个量级。

最糟糕的是,你把这样的期望加在新雇来的员工身上,以为他们轻轻松松地就能做到。这基本上是挖坑给他们跳啊。

最近我们就犯了这种错误。我们招了一个人负责Basecamp的业务拓展,这可是史上头一回。我们心想,他只需打几个电话,很快就能谈定几个合作伙伴,然后订单就滚滚而来了嘛。此前公司从来没有人专职做过这件事,所以我们以为地底下必定埋着大批财宝,只需挖个几英寸就能拿到。毕竟这事儿能有多难,是吧?可结果是,为了挖出金子,我们花的力气比意识到的多很多。事实是,最后我们停手不干了。

还有一件类似的事:我们决定给Basecamp的注册用户多发几封跟进邮件,好把这些试用软件的用户转成付费用户。以前,用户注册后我们只会发一封电子邮件,之后就没有别的举措了。所以我们心想,多发几封邮件,转化率很快就能上来吧。

然而并没有。看起来像是低垂在枝头的果实,既没有成熟,也没那么容易够得着。

你认为自己马上就能干成一件事,多半是因为你之前从没尝试过。嗯，这种想法简直是妄想症发作。有时候你确实挺幸运，事情就像你设想的一般简单顺利，可这是极罕见的。绝大多数用户转化工作，绝大多数业务拓展的工作，绝大多数销售的工作，都像是用石磨磨面——花费大量的力气，取得一点点成绩。确实，积少成多，一点点面粉有朝一日会变成一大袋，可这样的果实是挂在树尖儿上的啊。

所以，下次你想让某个员工去摘长在低处的果子的时候——闭嘴，忍住。请尊重你从没做过的事。提醒自己，他人的工作没有那么简单。不花力气极少能获得成果。如果你有经验，也有行动力，那么困难的任务也有可能显得挺简单，可你绝对不要忘记，"之前没做过"并不会让一件事变得容易，相反，这往往会令事情变得更困难。

别在睡眠时间上自欺

充足的睡眠是弱者干的事儿！真正的一流人才每天只睡四五个小时就够了。漂亮的业绩需要巨大的牺牲！

胡扯。

吹嘘自己可以牺牲睡眠，能够没完没了地工作或彻夜赶工的人，往往都没本事取得真正的成就。没完没了工作的神话，都是转移注意力的手段。真是可悲。

牺牲睡眠，把时间拿来工作，这是个不合算的交易。你不仅会感到精疲力竭，脑袋瓜子还会变蠢，真的。科学研究的结果非常清楚：连续的睡眠剥夺会降低人的智商，损害创新能力。你可能太疲惫了，注意不到，但你的同事会注意到。

然而，不知道为什么，下面这些行为依然经常被人视作英雄之举：牺牲自我、睡眠甚至还有工作能力，只为了证明自己对"工作任务"的忠诚。去他的任务！没有任何任务（至少是在商界）值得一个人把自己虐成这样。

睡眠不足的人不只脑子不灵光，缺乏创意，他们的耐心、同理心和容忍度也会变差，微末小事会闹得沸沸扬扬。这样子会给同事们添堵，也会伤害家人。缺乏睡眠，会让精英变成混球。

对于需要带团队的人来说，上述影响尤甚。管理者需要有双倍的同理心，而不是减半。如果他们的脾气不好，缺乏耐心，暴躁的态度很快就会成为整个团队的底色。如果团队领导掀起了无谓的争吵，即便成员们休息得很好，也会被卷入纷争。

况且，如果加班加点地工作是为了做完更多事情，那你应该真的多做了不少事，对吧？可你去问问那种连轴转了两周、睡眠很少的人，看他们是否记得上周二做了些什么，绝大多数人都答不上来。不行，"多做好多事儿"根本算不上。

没错，有时候我们确实需要冲刺一下，或是熬个夜把活儿做完。可是兄弟啊，要小心，有些事儿越了界就不容易回来了。

这是因为事情总是有第一次就有第二次，长时间加班的人只是为了熬而熬着。我们都是习惯的动物，一旦这种事变成习惯，要打破可是很费劲的，就算不需要彻底的干预辅导，至少也得要努力康复吧。所以要小心，不要跨出第一步！

更好的做法是，别在睡眠上自欺欺人了。每天让自己好好睡够8小时，就算事业刚起步也要这样做。用在睡眠上的时间不是浪费，高质量的睡眠会让你上班时精神抖擞。这难道不正是你渴望的吗？

请记住，你的大脑在夜晚也依然在运转。它在处理你白天时无暇顾及的事情。一觉醒来后，你脑子里蹦出了新点子，而不是眼睛下头挂着俩眼袋，难道你不希望这样吗？

是的，有时遇上紧急的事儿，确实得多花点时间。是的，有时候时间期限没法改，你得最后加把劲儿。这种情况确实会有，这问题不大，因为这样的疲惫是暂时的，而不是持续的。

长远来看，工作不比睡眠更重要。

极少有事需要你熬到一天的第12或15个小时。对熬通宵该亮红灯，不是绿灯。如果有人要求你这样做，挡回去。几乎所有事情都能等到第二天早上。

真正的平衡

在绝大多数公司里,"工作与生活的平衡"是句空话。这倒不是因为平衡不该有,而是因为"工作"总是把它的肥手指压在天平的这一端,于是"生活"那一端就翘上去了。这不叫平衡啊。

平衡是有给出也有拿取。而公司里的典型情况是生活给出,工作拿取。如果工作可以轻易地占据周日的时间,而生活想借用一下周四却没那么容易,这里头哪有平衡可言?

一周有7天,工作已经把你醒着的时间占据了大半,至少是5天对吧,生活一上来就已经处于弱势了。这也能接受——必须要赚钱过日子嘛。可5天已经够多的了。

这是相当简单的算术。如果你周一到周五工作,那周末就该是个禁地,不能再被占用了。

也正是因为这个原因,如果你想在周三带孩子们出去玩,也没问题。你用不着"补上"这一天的工作——你只需为自己的时间负责，并确保团队成员知道你那天不在就行了。重要的是最后的成果。

工作日的晚上也一样。如果工作可以心安理得地把下午5点后的时光据为己有，那么生活也应该可以占据下午5点前的时间。要记住，平衡，就是有给出也有拿取。

我们要求有理性的人做出理性的决定，那么公司自然也是理性的了。这就是平衡。

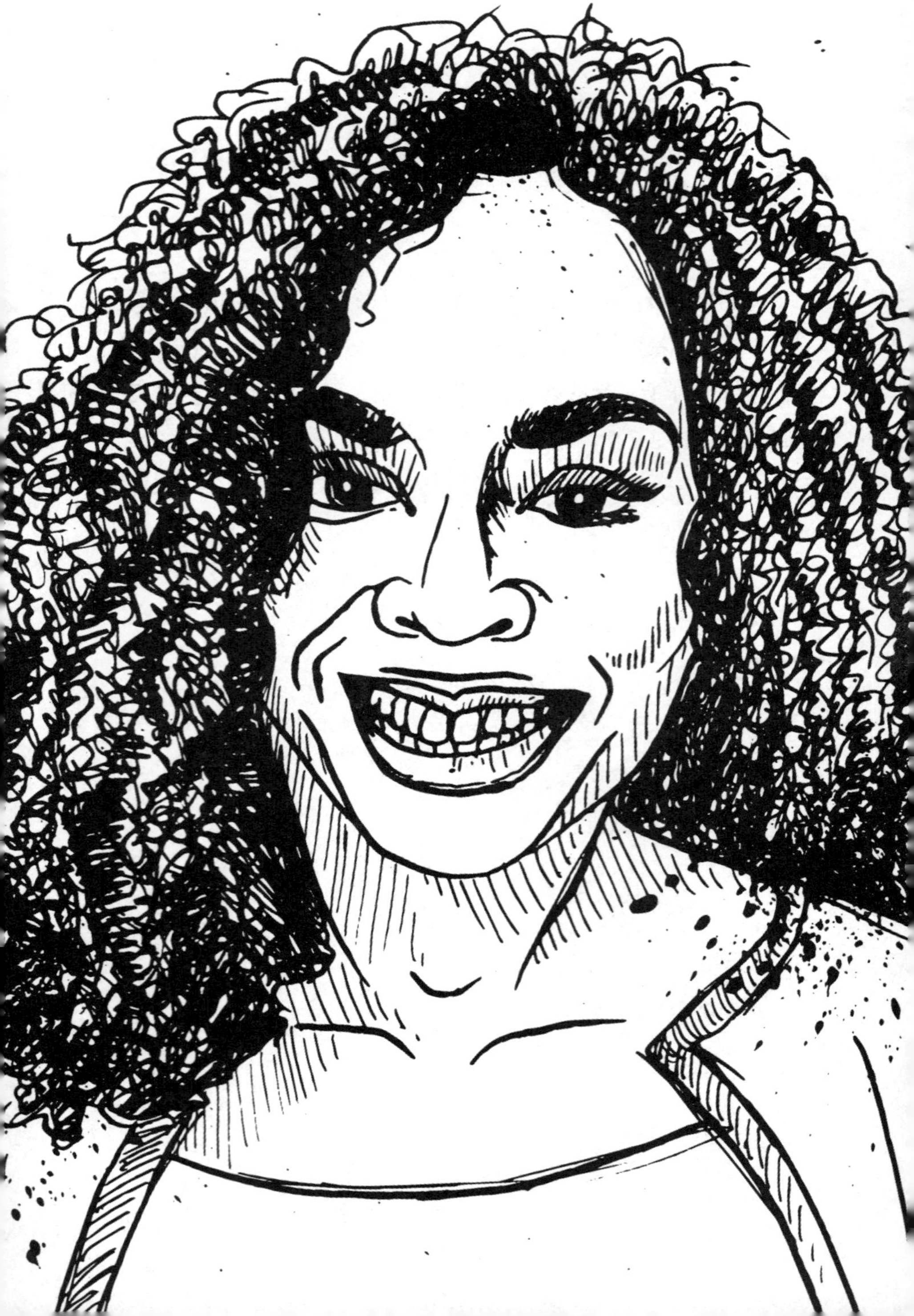

电视制片人兼编剧珊达·瑞姆斯（Shonda Rhimes）同时负责好几部黄金时段的电视剧，而她始终坚持一个原则：晚上7点之后及周末，统统不接电话，也不回电子邮件。

简历不重要

在公司经营中,最郁闷的莫过于发现自己雇错了人。这还不算完,你知道接下来还有什么等着吗?接下来,你要么得让他们走人(你和他们都会背负压力),要么就得忍受不合适的人选(你、他们及团队中的每个人都会背负压力)。一重压力引发另一重压力。

有时情况比这还微妙。单独看某人还挺合适的,可他没法融入现有的团队。但凡有人加入(或离开)团队,原有的团队就消失不见了,取而代之的是一个新团队。每一次人员变化都会影响团队的动态。

虽说世上没有完美的人选,但是,如果你重新审视一下招人策略,肯定可以提升找到合适人才的概率。

以下是我们的做法。

首先,你没法单凭简历就在Basecamp找到工作。简历可能会被扔进垃圾桶里。我们一点都不关心你在哪儿上的学，你在行业里工作了多少年，甚至也不怎么关心你上一份工作是在哪家公司。我们真正关心的是"你是谁"，以及"你能做什么"。

所以，你首先必须是个好人。要让团队其他成员想要跟你一起工作，而不是忍受你。如果你是个混球，那你工作得再出色也无济于事。没有任何事情能弥补这一点。

但我们想要的不止于此。我们想找的人不但要有趣，还要跟现有的员工不大一样。我们可不想找来50个全穿着帽衫、想法举止都如出一辙的20岁出头的年轻人。当团队能折射出顾客群体的多样性时，我们的工作质量会变得更好、更兼容、更周到。"跟现有成员不太一样"，这本身就是一条考量因素。

如果候选人通过了这两条考验——大家特别愿意跟他一起工作，而且他还能带来新视角——那么接下来就全看真本事了。简历体现不出真本事。简历上或许可以罗列他们曾经做过的工作，但谁都知道，那些东西一般都被美化过，往往全都是扯淡。况且，就算他们的简历无比准确，一份工作经历清单也不等于工作本身。不要只听他们说什么，要看他们真能做什么。

没错，或许你是个设计师，参与过耐克官网的重新设计，可你具体做的是哪一部分？简历一般回答不了这种问题。人们在上一份工作中做的许多事情往往受知识产权保护，而且是跟团队一起合作的，很难彻底讲清楚，顶多只能说个大概。既然如此，在Basecamp，我们就拿出一个真正的项目摆在候选人面前，这样一来他们就能告诉我们，他们能做什么了。

比如说，挑选新设计师的时候，我们会把最终入围的几个人选全部雇用，为期一周，支付1500美元的薪水，请他们真正做一个样板项目出来。然后我们就有了评估依据，能够清清楚楚地看出他们真实的、当下的工作水平了。

我们不会让他们猜谜语，上黑板解题，或是在编造的场景中"急中生智"。我们干的是实实在在的工作，又不是整天猜谜语。所以我们就让候选人做真实的工作，也给他们留出合理的时间。如果他们得到了这个职位，这些就是他们每天要做的事。

这套招聘做法的用意在于，我们把关注重点放在候选人的人品和工作能力上，免得聘用一个想象出来的虚像。人们很容易被精心编造出来的故事蒙骗。家世高贵、名校毕业，此前就职的公司大名一个个如雷贯耳，怎能不招人爱呢？公司就这样雇到了错误的人，他们根据之前的成绩做出判断，而不是当下的能力。

当你逼迫自己把眼光聚焦在候选人的人品与当前的工作能力上——而不是光彩熠熠的过往，实际上你也把入选机会开放给了更多人。不看平均成绩，念书时偏科的人才就不会被挡在门外；不看学历背景，自学成才的人也可以有机会；无须一刀切的"工作经验"，那些悟性极高、飞速成长的人也可以申请高级职位了。

渴望干出漂亮活儿的优秀人才常常来自你最预料不到的地方，而且他们看上去跟你想象中的完全不一样。你只需把重点放在他们的人品和工作能力上，这是唯一能找到他们的方法。

没人能立即上手

公司为高级职位物色人选的时候，总会受制于一个想法：我们想找一个能立即上手的人。人们总会自然而然地以为，一个有丰富工作经验的人，比如在上一家公司里担任主程序员或设计师的人，换到任何一个地方都能立即进入角色，马上就能高效开展工作。可事实并不是这样。组织机构千差万别，这家公司需要的技能和经验，换了一家往往就用不上了。

比如说来自管理层的督导吧。在Basecamp，我们有意将公司设计成扁平化的，很大程度上不需要管理人员。这意味着员工们需要自行安排工作，自己设定短期和中期目标，并且只会得到最高层的指导。

对于一个习惯了被上司手把手带着工作的人来说，这种设置会让他很不舒服。到了我们这儿，他们越是习惯原先那种工作方式，需要忘掉的就越多。这种"忘记"有可能跟学习某种新技能同样困难——有些时候甚至更难。

同样，如果他们是那种"自己不动手，主要靠指挥别人做"的资深人士，那他们也会很不适应。在Basecamp，人人都要亲自干活儿，最能发挥影响力的做法是"带头干"，而不是"指挥别人干"。

当一个资深人士从大公司跳到小公司的时候，上述危险会翻倍，反之亦然。一个特别有诱惑力的想法是，如果你的公司比较小，那么一个来自大公司的人肯定能"帮助你成长"。可是，想教一家小公司像大公司那样做事，肯定对谁都没好处。你最好还是找一个熟悉情况的、了解你这种规模的公司会遇到何种挑战的人来帮你。

事实就是，除非你找到的这个人原先供职的公司跟你的相差无几，职位也跟你要的一模一样，否则他不大可能立即上手，马上就能全速开动。这并不是说阅历丰富的资深人士不适合你，而是说，你不应该基于能否立即上手来判断他合不合适。

若是想失望，最快的方法就是设定不合理的期望。

不必理会人才争夺战

人才是不值得"争夺"的,它不是一种数量有限的稀缺资源——你要么拥有,要么就失去。它甚至还会水土不服呢。这家公司的超级明星,换了一家之后可能就会变成毫无效率的废柴。别掺和什么人才大战了。

实际上,彻底忘掉争夺战的隐喻吧。别再把人才视作需要抢夺的东西,而是把它看成一棵需要培育与呵护的花木,它的种子是现成的,世界各地都有,静待有心的公司去发现。

说到底,这项工作的关键就是创造环境。就算你弄来一棵最珍稀的兰花栽在了花园里,照顾不周的话,它还是会很快死掉。如果你愿意创造一个最好的环境,再付出耐心,你一样可以种出属于自己的漂亮兰花。没必要从邻居家偷啊!

在Basecamp,你连一个从别家挖来的超级明星都找不到。但你会找到一大群才华横溢的人,绝大多数在公司工作了许多年,有几个更是待了10年以上。

几乎没有一个员工来自我们行业里的传统"战区",比如旧金山、湾区,甚至连西雅图或纽约的都没有。这不是因为这些地方没有优秀人才,而是因为到处都有大量的优秀人才。

比如说,我们在俄克拉何马的报社里找到了一个出色的设计师,在多伦多郊区一个小小的网站设计工作室里找到了一流的程序员,在田纳西的一家熟食店里找到了杰出的客服。我们不在意他们身在何处,也无所谓他们有没有受过正规教育。我们看的是真正的工作能力,而不是文凭或学历。

我们发现,培养人才、发掘他们未被开发的潜力,远比找到一个已经处于巅峰的人刺激得多。当年我们雇用这些最出色的员工,并不是因为他们那时的模样,而是因为他们日后会长成的样子。

培养自己的人才是需要耐心的。但你在这上头花的力气——创造一个冷静的公司文化和环境,也正是经营公司所需的。把公司越做越好,人人都能受益。动起来吧。

不做薪酬谈判

在绝大多数公司里,为了拿到公平的薪酬,光是工作出色是不够的,你还得是谈判高手才行。绝大多数人不是,所以到最后总是少拿钱——有时候拿到的薪水还不如刚进公司、资历浅得多的同事。

事实是,绝大多数人就是不喜欢跟人讨价还价,仅此而已。买车时不喜欢,买房时不喜欢,商谈生计问题时也不喜欢。这是个令人不快的情形,即便你谈判的本事很高,也很容易会有一丝疑虑挥之不去:"我是不是可以谈得更高一点?"(如果你提出的价格被飞快接受了,这个念头就会升起。)

所以,为什么公司要逼着每个人年复一年地玩这个蹩脚游戏呢?

呃,这种事我们也干过好几年。做企业,这种事总是在所难免的嘛——不,它不是。几年前我们做了个决定:彻底取消每年一度的薪酬谈判仪式，把与之相随的压力也一笔勾销。

在Basecamp，我们不再做工资或加薪谈判。只要级别相同、角色相同，就拿一样的薪水，同工同酬。

我们把具体职位分出级别，比如实习程序员、程序员、资深程序员，一直到主程序员、特级程序员（设计师、客户服务、运营等一切岗位也同样处理），把新招进来的员工对号入座。有人需要晋升时，我们也对照这张级别表。每一位员工，无论新人还是老人，全部按照这张表格找到位置，领取相应的薪酬。

每年一次，我们参考市场上的薪酬水平，自动加薪。我们的目标是，无论职能是什么，让公司里的每一个人拿到的薪水都能位列市场的前10%。因此，无论你是客服人员，还是运营、程序员或设计师，你拿到的报酬都能排进该岗位薪酬的前10%。

如果有人的薪水没达到这个标准，那他就会得到大幅加薪，直到达标为止。如果某人的薪水已经超过了标准，那就保持不变（如果市面上某个职能的薪资标准下降了，我们也不会给公司现有员工降薪）。如果有人升职，那么薪水就增加到符合新的级别，并与市场水准保持一致。

我们从数家薪资调研公司处得到上述参考数据。他们在我们的行业中展开广泛调查（从业界巨头到跟Basecamp差不多规模的小公司），收集数据。这个系统并不完美，所以我们也会经常与其他数据来源进行交叉比对，但这显然比凭借三两句"我听说某公司给的工资是多少多少……"做决定要强得多。

关于市场薪酬水平，我们参考的是旧金山的数据——虽然我们没有一个员工待在旧金山。原因无他，就是因为在我们这个行业，旧金山是世界上薪酬最高的城市。所以，无论你选择住在哪里，我们一律支付相同的、居于市场领先水平的薪资。毕竟你住在哪里跟你的工作质量没半点关系，而我们付钱买的是你的工作质量。你把床放在波士顿、巴塞罗那还是孟加拉国，又有什么区别？

一开始我们也不是按照旧金山的超高薪水来定标准的。有一阵子我们用的是同样的模型，但参照的是芝加哥的薪酬水准。重点并不是你的薪酬基准参照的是行业里薪酬最高的城市，还是市面上的前10%，而是你坚持同工同酬、同资历同酬。

这样一来，公司里每个人都可以自由挑选想要居住的地方，即便搬到生活水准较低的地区，薪水也不会随之降低。我们鼓励远程工作，有不少员工在为Basecamp工作期间，住遍了世界各地。

在Basecamp我们也不遵循发奖金的套路，所以我们的薪水相当于别人公司的薪水加上奖金。（许多年前我们也发奖金，可我们发现，大家很快就把它当成了预期收入。所以一旦奖金减少，大家就会觉得自己被降薪了。）

Basecamp没有股权计划，因为我们从没打算把公司卖掉。况且，如果你曾经在那样的公司里工作过——薪酬中相当一部分比例是股票，你就会明白，瞬息万变的股市会给人带来多大压力。这可无助于保持冷静啊。

所以我们是这样做的：我们许下承诺，万一有一天我们把公司卖掉了，我们就拿出收益的5%来分给现有的全体员工。不必追看股价，不必担心估值。万一卖掉，大家分钱；如果不卖，那就没必要浪费时间去琢磨这事。那是惊喜，不是薪酬。

最近我们还制订了一个全新的利润增长分享计划。如果公司的总体利润比去年同期有所增长，我们就把该年度增长的25%拿出来分给大家。这笔钱不跟岗位挂钩，跟个人表现无关，既然我们没有销售部，那它也不算销售提成。要么人人都有，要么谁都别拿。

我们的员工肯定能找到薪资比Basecamp高的地方，如果他们是谈判高手，能够说服雇主给他们开出比同事高的工资，就更是如此了。

市面上也有大批公司愿意提供"乐透彩票"（别名股权），可以让人一夜暴富——如果他们加入了某家初创公司，而公司也一路披荆斩棘，变成了下一个谷歌或脸书的话。

可Basecamp不是初创公司，我们这家软件公司从2004年起就存在了。我们是一个稳定的、可持续的、盈利的企业。

没有哪个薪资体系是十全十美的，但至少在这个模型下，没人会迫不得已、单纯为了拿到符合市场价值的薪资而跳槽。看事实就知道效果如何：Basecamp有一大批从没打算离开的老员工。在这本书出版的时候（2018年），我们有一半员工已经待了5年以上了。在我们这个行业这实属罕见——顶尖科技公司的平均员工在职率不超过两年。

当然，薪水不是唯一决定去留的因素。我们也有员工因为其他原因离开公司。比如，有人想给硅谷的"乐透彩票"一个机会，或是他们想改换一条完全不同的职业道路。这很正常啊！一定的离职率是好事，但工资不该成为绝大多数人离开的主要原因。

雇用和培养新人不仅昂贵，还耗神费力。有这个力气，还不如拿来跟员工——由于公平透明的薪酬福利制度而满意地留在公司很久的老员工——一起做出更好的产品。企图压低员工的薪水，把大家弄得心神不宁，这听上去就不像是好公司的作为。

与军心稳定的团队一起工作，幸福感会源源不断地涌现，公司也会持续高产。Basecamp能以这么少的人力做出这么多成绩，这绝对是成功的关键。让我们困惑的是，这么好用的招数，怎么就那么少的人用呢？

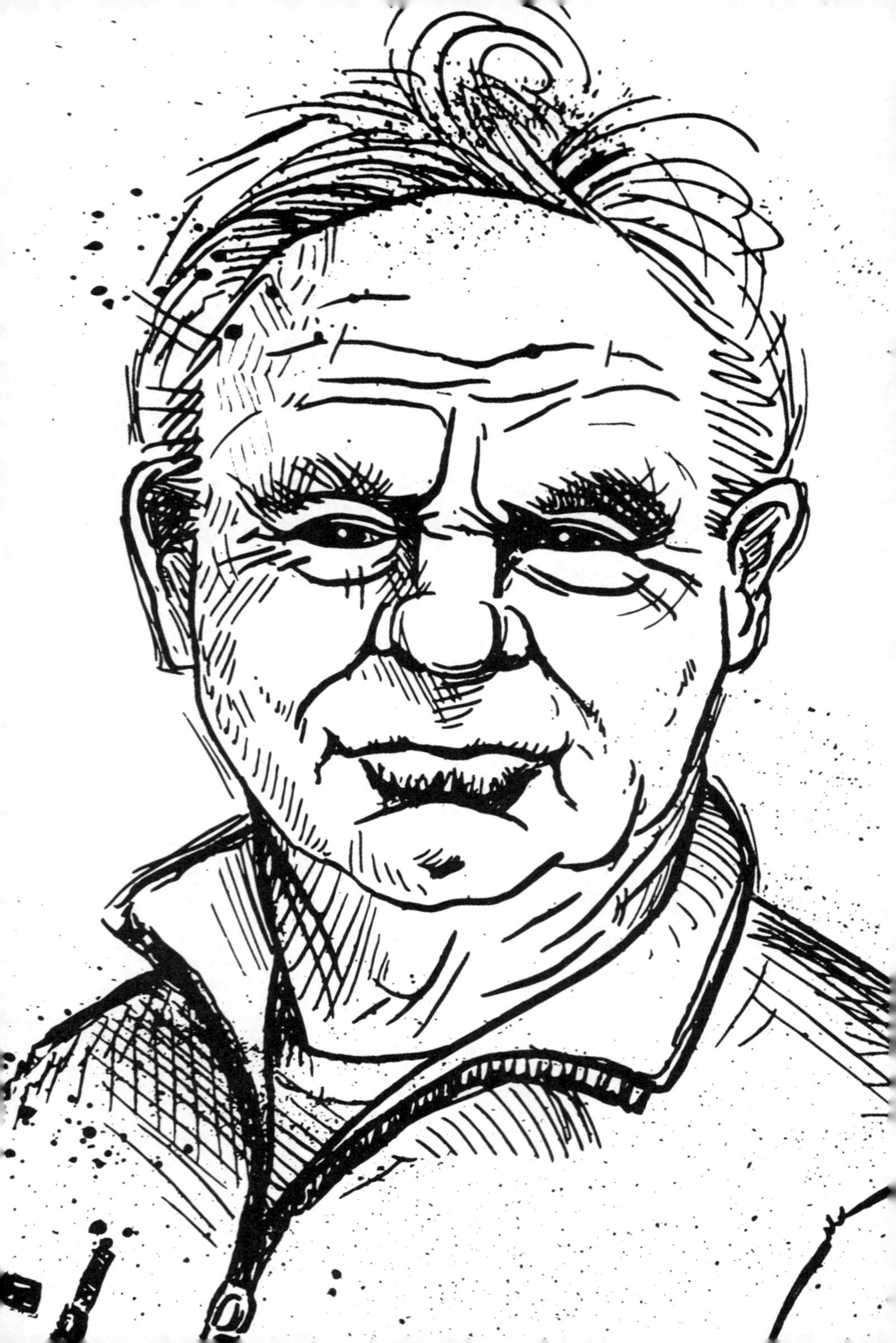

世界著名户外奢侈品牌巴塔哥尼亚（Patagonia）的创始人伊冯·乔伊纳德（Yvon Chouinard）每年会抽出一段时间待在怀俄明州。他在那里远足，飞蝇钓鱼，每周只跟办公室联络两次。

谁的福利？

听说过那种福利特别好的公司吧？办公室里设有游戏机室、健康零食吧、供人小睡的房间和洗衣房，午餐由名厨掌勺，周五还有免费的啤酒。看上去是如此慷慨大方，可这里头也有个小心机：你不能离开办公室。

这些花里胡哨的福利模糊了工作与玩乐之间的界限，到最后只剩下工作。从这个角度看，这真算不上慷慨——应该叫作阴险才对。

比如说，给下班晚的员工提供免费晚餐。下班晚怎能算是福利？还有那些刚好安插在休息时段的免费午餐，导致员工被留在公司里，没机会上街走走。说起这种"免费午餐"，真该想想那句话：天下没有免费的午餐。

在提供这类福利的公司与没完没了地宣扬"尽最大努力工作"的公司之间，总有一种莫名的关联。晚餐、午餐、游戏室、加班到深夜——这些"福利"主要出现在那些每周工作60小时（而不是40小时）以上的公司里。这听上去更像是贿赂，而不是福利，难道不是吗？

在Basecamp，这些东西一律不存在。这不仅是因为我们不要求员工坐班，更是因为我们不提供这种忽悠人的福利。我们用不着竭力把员工留在办公室里。我们没打算榨干人家，我们只想追求合情合理，而这需要平衡。

正是因为这个，我们是这样定义福利的：帮助大家放下工作，去过更健康、更有趣的生活。在这样的福利中，真正受益的是员工，而不是公司。不过，公司显然也会从中受益，因为它得到了更健康、更有趣，得到了充分休息的员工。

以下列出一些我们的"离开办公室"福利，所有员工都有份，不分岗位和薪水：

◎ 但凡在公司工作满一年的员工，每年都可享受全额带薪休假。公司不仅正常支付休假期间的工资，还实打实地支付整个行程的费用：机票、酒店全包，上限为每人（或每个家庭）5000美元。

◎ 夏季享受3天长周末。每年5月到9月，我们每周只工作32小时。每一个人都可以选择周五或周一不上班，这样就可以有整整3天的周末——整个夏季，每周如此。

◎ 每3年有一次长达30天的休假。大家可以回家去，什么都不做也行，潜心研究一门新手艺也行，或是去登喜马拉雅山。想干什么都行。

◎ 每年1000美元的学习津贴。这不是用来学跟工作相关的技能的，而是工作之外的任何东西。想学班卓琴？我们出学费。想学烹饪？我们出学费。这些跟Basecamp的工作没有半点关系，只是为了鼓励大家去做那些一直想做，却需要一点鼓励和支持才能付诸行动的事情。

◎ 每年2000美元的慈善津贴。员工自主选择慈善机构，捐助额满2000美元的话，公司就再加捐2000美元。

◎ 参与当地的月度"社区支持农业计划"[1]，这意味着员工和家人能够定期收到新鲜的水果和蔬菜。

◎ 员工可享受每月一次按摩，而且是在真正的水疗中心，不是办公室。

◎ 每月100美元健身补助。我们为员工支付健身中心会员费，报销瑜伽课、跑鞋、比赛报名费等一切与定期健身相关的费用。

我们没有一条福利是为了把员工留在办公室里而设的，没有一条福利让大家宁愿留在办公室而不是家里，没有一条福利把工

---

[1] 即CSA，community-supported agriculture。这个体系把消费者与农户联结起来，消费者以"订阅"的方式直接购买农产品，定期得到新鲜蔬果，也共同分担种植风险。

作排在生活之前。相反，我们有大把理由，鼓励员工在合理的时间关上笔记本电脑，把时间留给学习、烹饪、锻炼，以及与家人和朋友们享受生活。

图书馆守则

想为典型的开放式办公室重塑形象,为它贴上时髦标签的人,简直应该获得"干扰与烦人委员会"颁发的大奖。那种环境喧闹吵嚷,毫无隐私,工作不断受到干扰。它只擅长一件事:装下尽可能多的人。可这样的环境却把每一个人都搭了进去。

专业人士需要宁静、私密和空间来思考,全心投入工作,但开放式办公室在这方面差劲极了,没法为他们提供一个安静的环境来做创意工作。

如果你把专业人士和其他部门的人员混在一起,情况就会更糟。销售和客服人员经常需要乐呵呵地高声打电话,当他们不得不与需要长时间安静的人一道工作的时候,你不仅破坏了生产力,也培育了相互厌憎的情绪。

在这样的空间里,干扰就像病毒一样蔓延。你还没意识到呢,所有人就都已经被传染了。

当然，设置私密独立的个人办公室是合理的解决方案，可是，如果不是人人都有份的话，就会滋生妒忌。但我有个好消息：你用不着放弃开放式办公室本身，但你必须放弃典型的开放式办公室的"思维方式"。

我们在芝加哥的办公室就是这样做的。我们不把它视作办公室，而是把它看成图书馆。事实上，我们还把办公室里的行为准则称为"图书馆守则"。

走进世界各地任何一个图书馆，你都会注意到同一件事：里面一片安宁。人人都知道进了图书馆该怎么做，事实上，没有哪种文化能像图书馆守则这般放诸四海而皆准。那里是人们阅读、思考、研究和潜心做事的地方。静谧的、充满尊重的环境反映出了这一点。

办公室不就应该是这样子的吗？

头一次来到我们办公室的人都会惊讶于那里的静谧。那儿看上去、听上去都不像是传统的办公室，人们的行为举止也不像。那是因为它其实是一个供大家工作的图书馆，而不是满是干扰的办公室。

在我们的办公室里，如果有人正坐在自己的位子上，那么我们就默认为他正在专注地思考和工作。这就意味着我们不可以走过去打扰他，也意味着，要说话就必须压低成耳语，避免影响到周围任何一个可能会听到的人。保持安静最重要。

偶尔需要商议事情、恢复正常音量的时候，我们在办公室的中央区域设计了几个小房间，要讨论问题或打私密电话，大家就可以去那里。

用图书馆守则作为办公室的行为准则，你只需要做几个简单的设置，改变思维方式，尊重他人的时间、注意力和专心致志的工作时段，这就足够了。人人都知道图书馆守则，他们只需在办公室里也践行它。

你有些怀疑是吧？那就把每个月的第一个星期四定为办公室的"图书馆日"。我们敢打赌，员工们一定会请求你多安排几次的。

拒绝假度假

Basecamp的员工度假时,就好像他们不再在这里工作了一样。我们鼓励他们彻底消失:电脑上退出登录Basecamp,从手机上删除Basecamp App,别再上线。真正关门走人,离开我们的视线。

因为度假的全部目的就是离开啊。不仅要身在别处,心也要在别处,彻底忘掉平时那些事儿,工作就不应该在脑子里出现,就是这样,没什么好争的。

可现实情况是,绝大多数公司并没能让员工真正去度假。他们提供的是虚假的假期——员工随时有可能被拉回来参加电话会议,"简短打个电话,说个小事",或者但凡遇上问题就要随时响应。

如果你做的是全职工作,那么上一次你真正"全心离开"是什么时候?我指的不是周末那种,而是一连好几个星期。离开时屏蔽同事们的全部音讯，把工作完全抛在脑后，不会记挂着上线瞧瞧，心里也没有丝毫内疚。如今，太少人敢说自己能做到这一点了，在美国尤其如此。真悲哀。

虚假的假期就好比给员工套上了绳索——任何时候都有可能把他们拉回来工作。如果休假可以随时被取消，这还算什么福利呢？这更像是条件苛刻的烂贷款，付了利息，还得搭上焦虑。去它的吧。

雇主没有权力侵占任何人的夜晚、周末或假期，那是人家的生活时间。真正的危机事件可以例外，但那种事一年最多只能有一两次。

当公司表现出"可以占据员工全部时间"的模样时，它就酝酿出了焦虑与疲惫的文化。人人都需要有机会全身心地离开一阵子，就像电脑重启一样。如果不允许他们这样做——尤其是在已被批准了的度假期间，那回来之后，他们肯定是疲惫的，而且心里充满怨气。

别扯什么"可你想休息多久就休息多久啊"，别用这种话为虚假的假期辩护。在我们这个行业，"无限休假"成了常见的举措。听上去多么吸引人啊！但撕掉外表光鲜的标签，它其实是个相当糟糕的策略。

无限休假是一项充满压力的福利，因为它并不是真正的"无限"。你的员工真能休5个月的假吗？不可能。3个月？不行。2个月？1个月？或许可以。连续几周、几个月可以吗？谁能说得准？

模糊会滋生焦虑。

我们也是付出代价才学到这一点的。有一段时间我们也施行过无限休假，最后却发现，大家用掉的休假反而比实际应得的少！这跟我们的原意正好相反啊。

这是因为没人愿意被看成是懒家伙，或是占公司便宜。所以他们选择了最安全的做法：向团队里休假天数最少的人看齐。这样一来，假期反而变少了。

所以，现在我们公司的休假制度是这样的："Basecamp每年提供3周的带薪休假，国家法定假日放假，外加额外几天的个人假期，可酌情处理。这是指导原则，所以，如果你需要再多几天假期，没有问题。我们相信每个人的自觉性，不会去统计天数。需要额外假期的时候，只需确保你的团队预先知情即可，方便大家做好安排。"

3周假期写得很清楚，但是如果你需要再多休几天，完全可以自行酌情安排。你只需考虑到休假对工作的影响，预先告知团队，然后就可以彻底把工作放在脑后，尽情享受假期了。等你回来的时候，地球肯定还照样转着呢。

冷静说再见

解雇员工对双方来说都不愉快，但这是暂时的，它会过去，接下来需要面对的是依然留在公司里的出色伙伴们。大家会好奇，不知道同事出了什么事儿。他为什么不在这里了？接下来会是谁？如果我不知情，下一个会不会轮到我？

在许多公司，当有人被炒掉的时候，你得到的只有模棱两可的委婉说辞。"嗨，鲍勃是怎么回事？""哦，鲍勃呀？咱们别再提他了。只不过是到时候了，他该继续往前走了。"别胡扯了。

如果你没能向大家交代清楚为什么有人被开掉，公司里余下的人就会自己编故事来解释。这些故事一般比真实原因更糟。

解雇犹如开启了一个真空地带，除非你用事实来填补，否则这个空间里会迅速装满谣言、猜测、焦虑和恐惧。想避免这些，你只需对大家坦诚相待，把发生的事情解释清楚。就算艰难也要这样做。这就是为什么每当有人离开Basecamp，一封告别信就会立即被发送给公司每一个人。

这封信要么由离开的人自己写，要么由他们的上司写。选择权在他们手上（但绝大多数离开Basecamp的人都选择自己写）。无论怎样，总会有人写的。

正式离职那天之前，要走的人会看到公司每一个人对告别信的回复。回复一般都是分享照片、回忆和故事。说再见总是很艰难，但不一定非得那么正式，或冷冰冰的。我们都明白，事情会变，环境会变，糟糕的事情有时就是会发生。

提醒：如果离职员工的信中没有讲清离开的原因，他们的上司会在接下来的那一周发一条跟进讯息，把空缺的事实补足。如果是另谋高就，离职员工往往会主动把事情讲清楚；但是，如果员工是被解雇的，我们经常不得不在他们离开之后立即澄清事实。原因需要讲得清清楚楚，不要留下任何悬而未决的疑问，这一点非常重要。

就是这样，冷静地说再见。

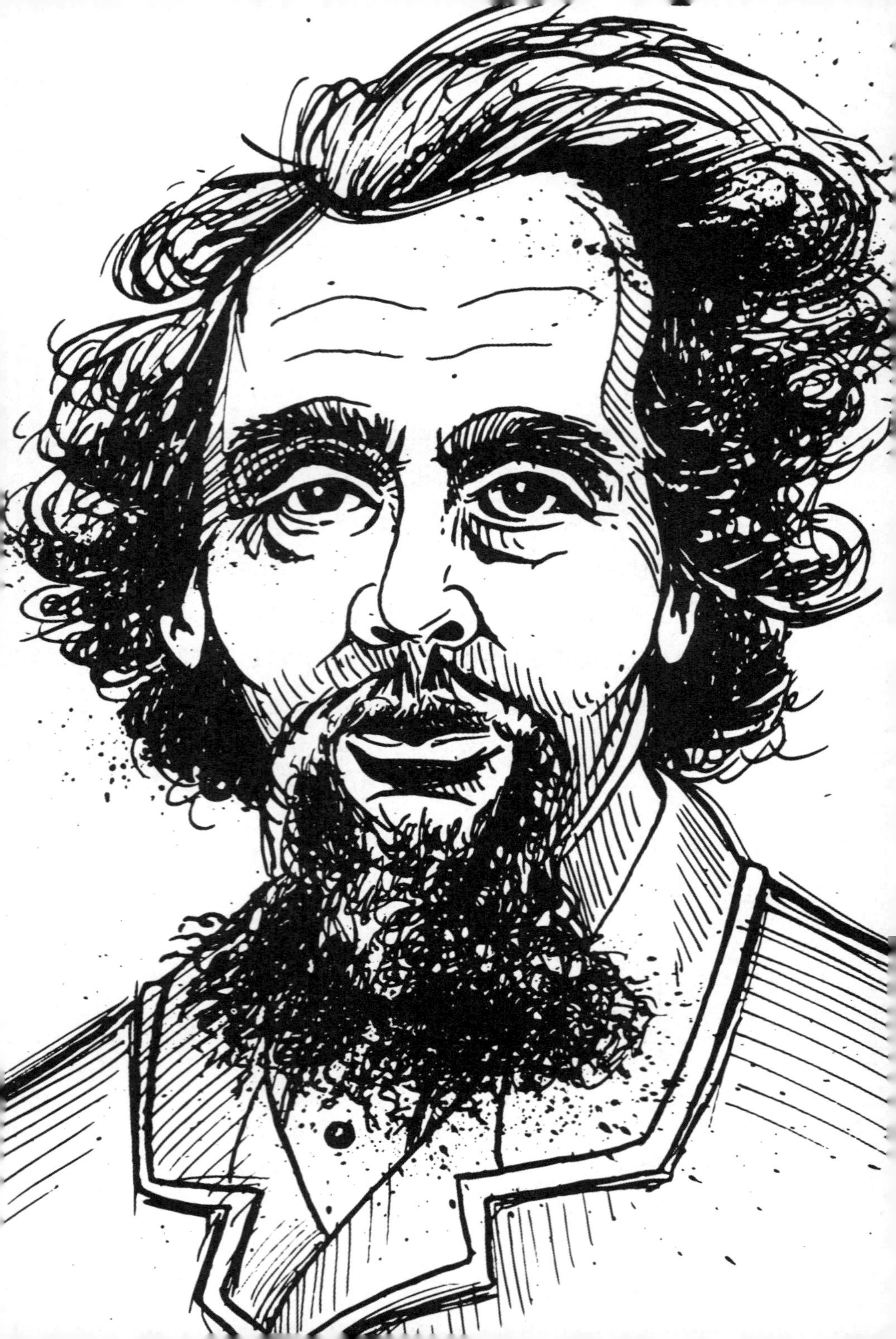

查尔斯·狄更斯（Charles Dickens）有一个严格的日程表：安静地写作5小时，然后散步3小时。

Dissect Your Process

剖析工作流程

群聊的害处

工作中的群聊就好像让人置身于全天候的会议室，谁都能进来，也没有议程。真是让人身心俱疲。

群聊的时候，谈话仿佛坐上了一条永不停息的"传送带"，离你越来越远。如果传送带过来的时候你没在位置上，那你永远也没机会表达意见了。这意味着，如果你想发表看法，就得整天盯着聊天的信息流（往往还得同时盯着好几个）。你可以主动放弃，但接下来你心里就会天人交战，总担心自己错过了什么。无论是跟进还是放弃，结果都令人不爽。

然而，若是有节制地使用，群聊也没那么糟。遇上需要立刻处理的急事，群聊就很好用了，可以迅速地讨论出结果。如果你面临一场危机或突发事件，需要快速召集起一批人共同面对，群聊就非常合适（它也很适合社交，就好比在饮水机旁打趣闲聊，大家吹吹牛，发点搞笑图片之类的，能在工作的间隙让大家迅速打成一片）。

但是，当你被困在"越快越好"的聊天室中的时候，那条细细的界线就很容易断掉。一刻不停地群聊对话会让人以为，每一件事都值得立即讨论处理，但实际上并不是，几乎每件事都可以等，也应该等——等到人们有机会好好想想，并清楚地把它写下来为止。

否则，同事之间很容易产生"默认"的误解。"你说你不同意是什么意思？咱们已经在群里讨论过了啊。""我怎么知道？当时我又没在，我在处理别的事儿。""啊？我们讨论过了，看你没出声，以为你同意的。""这叫什么事儿！"在群聊中做决策时，这种场面太常见了。

涉及群聊时，我们有两条首要的经验法则："少数情况下实时沟通，大部分情况下不必"，以及"如果这件事很重要，那就慢慢来"。

重要的议题需要留出时间思考，也需要跟群聊中的其他话题隔开。如果大家在群聊中讨论的某件事情显然非常重要，就不应该七零八落地一句句发消息，我们就会请大家"把它好好地写下来"。这一条要和另一条准则一起使用："如果你需要每个人都看到它，就不要在群里说。"为这件事开辟一个永久的、可以让大家深思熟虑的讨论空间，而不是让它在5分钟后就被新信息淹没不见。

有许多管理人员之所以喜欢群聊，是因为他们可以快速地进出，并且同时对很多人说话，可这会导致许多员工整天心神不宁：明知自己还有很多实实在在的工作要做，却必须要努力跟上群聊的进程。

软件行业有个常见的现象：责怪用户。都是用户的错，他们不懂得怎么使用；他们的方法错了，他们应该这样做，或是那样做。可现实是，特定的设计鼓励了特定的行为。如果设计导致了压力，那它就是糟糕的设计。

某些情况下，群聊还是很有用的，但它不是沟通的全部。

逼死人的截止日期

大多数截止日期简直能逼死人。项目需求不断膨胀,工作越堆越多,可那个不现实的日期却岿然不动。这不叫工作,这是遭罪啊。

没有稳定的、切实可行的时间期限,你就没法冷静地工作。如果截止日期变来变去,或是在给出的时间段里绝无可能完成交代给你的所有工作;要么工作不断增加,可完成日期却没有相应延后,你就会焦灼不已,手忙脚乱。项目没完没了,一眼望不到头⋯⋯工作中很少有比这更令人沮丧的事了。

我们不这么做。

在Basecamp,我们不怕截止日期,我们张开双臂拥抱它。我们的截止日期是稳定的,公平的。它是工作流程中的必备要素,也是我们取得进展的必备要素。如果工作需要在11月20日完成,那么就在这一天截止,日期不会提前,也不会延后。

可以变化的是任务的规模——也就是工作本身。但工作量只减不增。你不能敲定一个截止日期，然后又塞进更多工作，这不公平。随着时间推进，我们的项目只会越来越精简，不会膨胀。一步步向前走的时候，我们把"必须要做的"和"做了也挺好"的工作区分开来，把"没有必要做"的剔除出去。

那么，在这个固定的时间段内，哪些要做，哪些不要做，这个决定由谁来做？项目的执行团队。不是CEO，也不是CTO。项目团队来管理工作进程，由他们挥动"项目大锤"——我们就是这么叫的。他们有权把一大坨"必须要做"的工作砸成小块，然后客观地逐个评估。之后他们会分类、筛选，决定哪些值得继续下去，哪些可以等等再说。

项目可以灵活缩减，这一点极为重要。这是因为几乎所有需要花6个月完成的事情，其实都能换个形式，在6周之内完成。反之也是一样，如果不小心控制的话，小项目也能像气球一样，膨胀成庞然大物。关键就在于你要知道哪些可以砍掉，何时该叫停，何时该向前走。

关于截止日期，另一个值得一说的经验是：我们的截止日期是"预算"式的，而非"预估"式的。我们不喜欢预估，为什么？承认吧，人类做预估的本事糟透了，但还挺擅长在给定预算之内做事的。如果我们告诉某个团队，他们有6周时间给Basecamp开发一个"超级棒的日历功能"，那么他们干出漂亮活儿的可能性一定比这样做大得多：让他们自己估计一下，开发这个"超级棒的日历功能"要花多长时间（结果必定是他们取消周末，累得腰酸背痛地赶工）。

固定的截止日期，可变的工作量，如此一来，权衡、妥协和折中就会参与进来，而这些都是健康、冷静的项目进程的必备要素。而当你既要敲定日期，工作量也不能变的时候，你就等着迎接焦虑、过劳和精疲力尽吧。

下面列出一些预警信号，当它们出现的时候，就说明你的截止日期就快把人逼死了：

◎ 在短得不近情理的时间段内，完成多到不近情理的工作。"这个重新设计和重新架构的工作要在两周内完成。是啊，我知道下周你们团队的一半人都要出去度假，可这不是我的问题。"

◎ 在目前的资源和时间条件下，提出不切实际的质量期望。"我们绝不在质量上妥协——周五之前，每个细节必须尽善尽美。无论付出多大代价。"

◎ 时间段说好了，可工作量却没完没了地增加。"CEO刚告诉我，西班牙语和意大利语的版本也要做，不只是英语的。"

界限即自由。切实可行的截止日期，再加上灵活可变的工作量，刚好符合这个道理。但要做到这个，你需要制订预算，摒除预估。高质量的成果会自然而然地将给定的时间段填满——如果你允许的话。

别做"膝跳反射"

在绝大多数公司里,人们介绍新想法的时候是这样做的:邀请一群人,预订一间会议室,召开会议做演示。幸运的话,发言时没人打断他们(但常见的情况是,主讲人刚说了两分钟,就有人跳出来岔开了话题)。演示结束了,人们当场做出反应。可问题就出在这里。

主讲人通常投入了大量的时间和精力,仔细考虑,把想法组织起来,然后清楚地讲给听众。但房间里的其他人却被要求当场做出反应——没有吸收消化的时间,没有认真思考的时间,必须立即反应,就像膝跳反射一样。怎么能这样对待脆弱的新创意呢?

在Basecamp,我们反其道而行之。

我们在介绍新想法时,基本上都要先写下来。用一份精心组织的、长达数页的文档,把你的想法完整地表达出来。只要有可能,就配上插图。然后把它贴到Basecamp上,让每一个相关人员都知道，此处有一个完整的想法，正等着大家思考。

思考！

我们不要立即反应。我们不要第一印象。我们不要膝跳反射。我们想要的是经过深思熟虑的反馈意见。从头到尾读一遍，再读一遍，甚至第三遍，枕着它睡觉。慢慢来，收集并组织你的想法，清楚地表达出来——就像提出这个点子的人做的那样。

深思熟虑，就是这个意思。

有时，Basecamp的同事们提出新点子之后，在反馈意见如潮水般涌来之前，会有几天鸦雀无声的静默期。没关系，我们希望这样。试想一下，在面对面的演示会上，一个鸦雀无声的会议室是多么令人尴尬。正是因为这个原因，我们更愿意做"线上"，而非"线下"。我们希望静默与深思能让人感到从容自然，而不是引发焦虑。

用这种方式演示新想法，就好比替主讲人彻底清了场。没人能打断主讲人，因为压根没人可打断。想法被完完整整地分享出来——没有制止的机会，没有横插一句的余地。主讲人完全掌控了这块场地，而且没人能夺走。等到你做好准备，可以表达反馈意见的时候，场地就交给你了。

找机会试试看。不要面对面，而是写出来。不要当场反应，先深思熟虑。

警惕"两周连轴转"

很久以前,我们总是喜欢在周五发布新软件。这往往意味着紧接着的周六和周日要忙于应付新产品出现的紧急问题,产品团队的周末肯定就搭进去了。这做法很蠢,却是可以预料的,因为我们总是把截止日期定在周五,可周五其实是最糟糕的发布时机。

首先,你多半会赶着完工。所以,周五完成的工作往往会有点毛糙。

其次,紧跟着周五的不是周一,而是周六和周日。所以,如果哪里出了问题,你就得在周末工作。

最后,如果你周末工作,那你就没有机会休息充电。如果你已经连续工作了一周,而且周末还得加班,那接下来的周一就是上一周的第8天,而不是新一周的第一天。这就意味着,如果接下来的一周你又继续工作,那你就等于连轴转了12天。这可不是什么好事。

所以啊，我们是在给自己创造没必要的压力。而且这份压力不仅存在于当下，还蔓延到了下一周。为什么要这样做？

我们想不出合理的解释，于是，我们不再把重要产品的发布日放在周五，而是等到下周一。是的，这样会带来新的风险——万一我们犯了个大错，客户们就会在工作日看到了。但意识到这个风险，反而能帮助我们更加充分地做好发布前的准备——当事关重大的时候，你就会更加谨慎。

这个做法鼓励我们更加严肃认真地对待产品质量，这样就可以提前发现问题。减轻产品发布的压力需要一步步来，首先发现问题，然后解决问题。

如今，Basecamp的新软件发布几乎没有一点压力了。当然我们心里还是会有些忐忑不安，可是，即便是专业的音乐家或演说家，在面对一大批观众时也会紧张啊。但我们不再感到身负重压了，如果有任何事情令我们感到抓狂，我们就推迟发布，直到大家冷静下来。

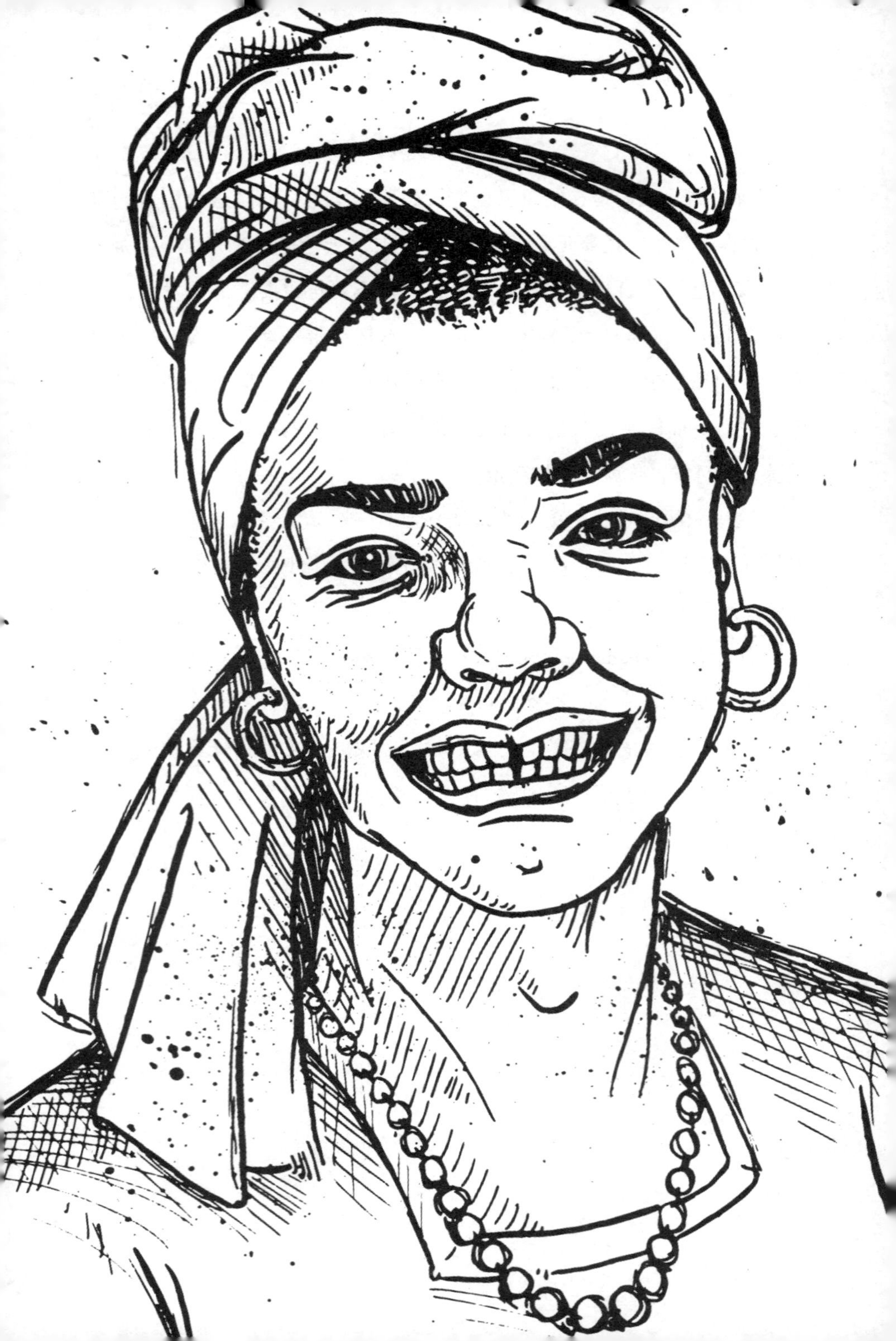

诗人兼人权活动家玛雅·安吉罗（Maya Angelou）喜欢独自在简朴的旅馆房间内写作，下午2点她结束工作，给自己留出足够的放松时间，然后再与先生一道吃晚餐。

新常态

某类事情很快就会演变成"常态"。

起先,它看上去有点不顺眼。比如某个行为你并不喜欢,但容忍了。然后,某个人也这样做了,但你没注意,或是没去管。接下来,人们开始接二连三地这样做,因为没人出来阻止。

此时已经太晚了,它已经变成文化,一种新常态。

组织里天天都在上演这样的情景。一句刻薄的评论会引出一场暴风骤雨般的刻薄抨击,就像星星之火可以燎原一样。如果你任由这种事发生,它就成了可以接受的。未加理会的行为会渐渐变成被批准的行为。

在Basecamp我们也干过这种事。有一次,某个员工碰上了一个特别难搞的客户,就在公司群里尖酸地发泄了一通,没人说什么。或者是,我们大家都嘲讽了一个犯错的公司,却全然忘记了,住在玻璃屋里的人是不该朝别人扔石头的。

我们也明白这样做不对，却没有制止。结果是，当我们终于感到不能再这样下去的时候，制止已经变得困难得多。

纠正新常态花费的力气，远远大过刚有苗头时就出手制止。如果你不希望组织文化里野草蔓生，那就要小心它的种子。

不要听任某件事演变成新常态才采取行动。文化即行为。你有怎样的期待或希望都不算数，它就是你的行为举止，是你日常做的每一件事。所以，做得好点。

坏习惯会打败好意愿

每件小事都要过问的管理者总是会继续过问每件小事。

工作狂总是会继续疯狂工作。

骗子总是会继续骗人。

不断重复的行为会渐渐成为习惯。重复的时间越长,就越是积习难改。一切最好的意图——比如"以后一定会采取正确的做法"——敌不过习惯的力量。

然而人们总是欺骗自己。他们以为自己可以连年超时工作,"以后我就用不着这么辛苦了"。到了那个时候,你或许真的用不着那么做了,可你多半会主动那么做。因为它已经变成了习惯。

从Basecamp初创之日起,我们就奉行"工作时间要合理"的原则。我们不会制订严苛的截止日期,然后拉着大家熬夜赶工。我们定下合理的工作量,充实地工作一天,然后享受安宁的夜晚。这里头没有魔法,也不凭运气,而是我们的主动选择。

如果在企业初始阶段，我们就雇来一大批用不着的员工，那么到了今天，我们多半会继续养着一大群冗员。相反，唯有感到切肤之痛的时候，我们才招人——只有当我们发现确实需要有人来做这件事时，我们才会招聘，而且选人很慎重。我们不会抱着"有朝一日用得上"的想法。

如果我们一开始就规定每个人都必须坐班办公，那么几乎可以肯定的是，我们至今还会确信，共同工作的唯一方式就是大家每天都要面对面。相反，如今我们的全职员工生活在世界上数十个不同的城市里，他们待在自己的地盘上，以自己的步调工作。

如果在初期你就选择了冷静，那么冷静将会成为习惯。可是，如果你起步的时候就很抓狂，那么抓狂就会成为你的标签。你必须要不断自问：你今天的工作状态，是你今后10年、20年、30年想持续下去的吗？如果不是，现在就做出改变，不要等"以后"。

"以后"纯粹是找借口。良好的意愿活不到"以后"。"以后"意味着酸痛的腰背，萎靡的灵魂。"以后"的口头禅是："熬夜是暂时的，把这个做完就不会了。"没可能的。现在就做出改变吧。

追求独立

有一个假设很少被人质疑：公司应该始终追求行动同步，步调一致。当团队A需要一样东西的时候，团队B就要准时送上，分毫不能差。一切都秩序井然，协调、优美。可是，我们宁愿放弃这种芭蕾舞一样的互相依赖。

我们希望团队能够各自独立地滑翔，而不是齐刷刷地绊倒。零部件应当是相互匹配的，而非粘连在一起。

当团队、小组或个人之间纠缠在一起，无法脱离彼此而独立行动时，依赖就发生了。但凡一个人需要等待另一个人才能行动，依赖就变成了阻碍。

如果你是在组装飞机，或是在流水线上工作，那没问题。这种同步大概是任务本身的需要。但如今绝大多数公司干的都不是这个，却依然这样行事。

我们也曾经掉进过依赖的陷阱。例如，以前我们总是要求网页App与手机App同时发布。如果网页App有更新，那就必须等到苹果和安卓版本的App都更新过后才能发布。这拖慢了我们的速度，工作都搅和在一起，还把人弄得特别沮丧——可这都是自找的呀。实际上，安卓手机的用户压根就不在乎自己的App设计得跟苹果手机的是否一样。

以前我们还经常等攒齐了五六项新功能之后做一次重磅发布，而不是做好一个就发一个。这样做效果确实轰动，可这种重磅发布也有风险：万一有一项落后，整体进程就会被耽误。而这种事确实经常出现。所以弄到最后我们的风险更大：严重推迟发布日期，或更糟的是，不得不全部拆开重做。

纯粹是因为做事方式出了问题，而不得不放弃大量成果，这会严重地打击士气。可是，如果你的工作流程中充满了依赖，就会遇到这种事情。

如今，某项更新一旦做好，我们就立即发布，无须等待其他的。网页App做好了？发出去！iOS版本的做完后自然会跟上。如果iOS版本先完工了，也不必等待安卓，网页版也是一样。哪个部分做好了，相应的客户就会先享受到价值——凑齐了对他们来说也没有意义啊。

所以，别再打更多的绳结了，应该多砍断几个才对。牵绊越少，效率越高。

承诺比共识更重要

法庭审理的铁律是陪审团必须一致通过裁决。当面临公正与否的风险时,共识就成了唯一的标准。但凡不能达成共识,就必须从头再来。

在刑事法庭上,这是个绝佳的理念,可要放在商业世界中,就是极糟的做法。如果你必须要做一个涉及生死的决断,那么它确实是个值得背负的重担。可在公司里,你差不多每个月都要做出好几个重大决定。如果每个决定都必须达成共识才行,那你就陷入了无穷无尽的折磨,还会引起代价巨大的附带损害。达成共识的代价太大了,可不能没完没了。

如果你召集一场会议,前提是唯有达成共识才能通过决策,那你无异于陷入了一场拉锯战。谁坚持辩论的时间最长,谁的胜算就最大。这太蠢了。

那应该怎么做呢?明智的决策并不是突然蹦出来的。它们往往需要经历摆事实、讲道理、辩论、磋商的过程才会浮现出来。但在企业中,唯一可持续的办法就是必须有人最后拍板。

管事的人必须做出最终决断,即便其他人更喜欢另一个方案。好决策需要的不是共识,而是承诺。

杰夫·贝索斯(Jeff Bezos)在2017年给股东的信中清楚地阐释了这一点:

> 我经常不同意他们的决定,却愿意做出配合行动的承诺。我们的亚马逊影视(Amazon Studios)最近通过了一部原创剧,我向团队表达了我的观点:这部片子的趣味性有待商榷,制作起来也很复杂,商业前景并不乐观,而且我们还有大把其他选题可用。但他们的意见跟我截然相反,想要继续做下去。我立即回复:"我不同意你们的观点,但我承诺配合你们,并希望它成为我们至今为止最受欢迎的片子。"想想看,如果团队不得不说服我,而不是简单地获得我的承诺,这个决策过程该变得多么缓慢啊。

我们完全同意。我们从公司初创之日起就开始实行这个做法,但贝索斯这封信为它正式起了名字。如今,我们甚至在讨论中直接使用这个标准句型。在Basecamp,就某个产品或战略决策进行了激烈的争论后,你会听到这句话:"我不同意,但我会配合你。"

公司浪费了大把时间和精力，力求说服每一个人在行动前都能认同决策。而通常他们得到的是勉强的认同，还有潜藏的不满。

相反，他们应该允许每一个人表达自己的意见，认真倾听大家的声音，然后把决策权交给负责做决定的人。这就是决策者的职责：倾听、思索、衡量、做出决策。

冷静的公司就是这样做的。每个人都有发言权，摆明自己的观点和论据，但最后决定权要交给某一个人。只要人们被真正地倾听了，而且有事实能屡次证明，他们的声音是受重视的，那么，即便这次的决策与他们的想法不一样，他们也会理解的。

最后一点，在践行"我不同意，但我会配合你"的原则的时候，尤为重要的是，公司需要把最后的决策向参与的每一个人解释清楚。只有"决策—执行"是不够的，应该是"决策—解释—执行"。

完成比完美更重要

在Basecamp，我们经常在质量问题上妥协。我们的产品并不能让每个人都满意（但在相当一批人看来，还挺好用的）。当某些软件故障不至于造成太大问题时，我们就把它们先放在一边。我们贴在博客上的文章，或许也会有一两个语法错误。

你没法在每件事情上都力争完美。知道何时该接纳"足够好"，你才有机会在关键时刻来临之时绽放出真正的光彩。

我们并不是说，交出潦草的作品也可以，而是说，你需要为自己的作品感到骄傲，即便它只不过是"还不错"。但是，企图在每件事上都做到完美，就是在愚蠢地浪费时间。

与其把无限精力投入每个细节中，我们会花大量精力甄选：哪些是真正重要的事，哪些"还算重要"，哪些一点儿都不重要。甄选环节最需要高质量地完成。"每件事都该做到极致"这种话说说很容易，可没人能做得到。真正的挑战在于，要想清楚哪些事只要做到"还不错"甚至是"不怎么样",都是没有关系的。

这么说吧。如果你投入全部精力把一件事做到了100%,那么你相当于用100%的精力做了一件事。如果你把精力均分成5份,用20%的精力,把某件事做到80%,这样一来你就做成了5件事!我们几乎每次都选后者。

清楚地看到哪些事需要追求卓越,哪些事做到"还不错"就够了,是冷静工作的好办法,焦虑会减少,接受度会增加。绝大多数时间里,"挺好的"三个字真是让人舒心又放松啊。把偶尔的"斤斤计较"留给真正重要的,能让你鹤立鸡群的细节吧。

逐渐聚焦

工作中时不时会有激动人心的新想法冒出来，比如"如果……那么……"，以及"我们还可以……"要抗拒它们的诱惑简直是不可能的。总有新方法可尝试，总有地方应该改进。可是，如果你真想往前走，就必须学会聚焦。

最初的尘埃落定后，完成项目所需的工作应该越来越少，而不是越来越多。大家应当从容地迎接截止日期的到来，而不是心惊胆战。切记：时间期限不是用来逼死人的。

当我们投入6周时间来做一个项目时，头一两周用来澄清未知，验证假设。在这个阶段，概念碰触到了现实，如果它合理，就会站得住脚，如果不，就会碎裂掉。

正是因为这个原因，我们会在头两周里尽快做出产品原型，往往一两天之内我们就能见到真东西。最能揭露真相的，莫过于把想法放入真实世界中检验。此时我们就能头一次看出，头脑里的想法究竟可不可行。

但在这之后——项目初期短暂的探索阶段过后,就到了逐渐聚焦的时候了。该收窄视野了!

这一点有违"不断探索"的精神——应该不断地追求更好的想法啊。如果咱们再多做一次头脑风暴,思维再发散一点儿,往外多拓展一点儿,多拉几个人进来协作……不行。

一旦最初的探索期过去,每一周都应该离"完成"的目标更近一步,而不是更远一点。下定决心把任务完成,一点点把想法实现,之后你肯定有机会折返的——但前提是你得真的把这事做完。

到了6周里的第4周,项目该收尾了,待办的事项应该越来越少,不要再提出"伟大的新想法"。

并不是说新方法和新想法不好,而是它们出现的时机不好。总是敞开大门,准备迎接激进的改变,只会招来混乱和猜测。你该自信地把那扇门关上,接受这个事实:如果火车已经离开了站台,"更好的想法"才姗姗来迟,那它或许并没好到不可或缺的程度。如果它真的超级棒,那还可以搭下一班车。

面对来得太晚的好主意,就该这么告诉它:你得先等会儿!

无为又何妨

"'什么都不做'可不在我们的选项之内。"

哦,它在的,而且经常还是最棒的选择。

"无为"这个选项应该始终摆在你的桌面上。

"改变"经常把事情搞砸。把一个本来运转得好好的东西弄坏,往往比改进它更容易。可我们总是欺骗自己,往往以为投入更多时间、更多资金、更多注意力,就能取胜。

举个贴切的例子:有一次我们想把客户使用Basecamp的方式更新换代。这就意味着,到了某个节点上,我们要把每一个使用旧系统的客户都挪到新系统里,这表示我们要转移数据,改换格式,还要把一种截然不同的使用体验甩到他们面前。

可是,如果有人喜欢原来的方式呢?或者,说不上喜欢,但是习惯了呢?有时候我们会假设一个人会喜欢或不喜欢某样东西,可人们往往只是习惯了它,而且他们愿意继续这样下去。一把将它拿走是粗鲁的。

所以，这个项目做到一半我们就叫停了。要是什么都不做，会怎么样？对于那些愿意沿用旧系统的人来说，无须强制性改变，无须挪来挪去，无须全新的使用体验。如果允许现有客户继续使用已有的版本，只让没用过旧版本的新客户使用新版，会怎么样？

我们就是这么做的——"无为"。没有强制性改变，不要求客户必须学习新东西，没有向客户游说"新版真的更好用"。对老客户来说，一切都原封不动（但是，如果他们愿意换成新系统也没问题）。

对客户来说，这再好不过。而且自私地说一句，对我们来说这样也再好不过。工作量减少了，项目精简了，我们可以提前好几周完成任务，还可以提前发布新版本。再好不过！

有时候，你必须要挑战一些显而易见的道理。有时候，你必须要明白，投入了时间未必一定会带来收益。"无为"可能是最艰难的选择，但同时也是最强有力的选择。

知足常乐

想要冷静,就得学会知足常乐。

虽说并没有哪条铁律规定了"何时算足够"或"什么叫足够",但有一点是确定无疑的:如果永远都没够,那工作永远会处于疯狂状态。

几年前,我们审视了自己对客户邮件的响应时间——有时候长达好几个小时。虽说很多人已经习惯了等上好些天才得到回复,对他们来说这已经够快了,可对我们来说还不够。

所以我们制定了一个目标:一小时内回复客户。每天写邮件给我们的客户成百上千,其中绝大多数应该得到一小时以内的回复。不要自动应答,只要真人客服,而且要快。

为了做到这一点,我们增添了人手,把快速回复的承诺贴到了公司网站上。我们处理回复的速度越来越快,对于这项新拥有的能力,大家脸上露出了自豪的笑容。

然后，贪念起了，我们想要追求更多。嘿，如果咱们能把响应时间缩减到一个小时，为什么不继续减少到半个小时？所以我们这样做了，而且做到了。为什么不是15分钟？我们又做到了。为什么不是两分钟？我——们——也——做——到——了！

没骗你，两分钟。有时候甚至是一分钟回复！

为什么不呢，对不对？为什么不能想回多快就回多快？回复客户永远也不嫌快，对不对？

不对。

每天都在一两分钟内回复上百封电子邮件，这种事坚持不了多久，因为创下纪录而自豪微笑的团队开始疲惫不堪。甚至出现了这种情况：由于我们的平均响应时间只有两分钟，万一哪次花了3分钟，有些同事就开始内疚了。

想想看——因为在3分钟内回复了客户而感到内疚！我们追求了一个不切实际的目标——"回复客户永远也不嫌快"，并且为它付出了代价。这事能做到，确实不可思议，可我们忘了问一句：这事是否应该做？

所以我们停手了。

客户喜欢收到我们的迅速回复，这毫无疑问。许多人这样对我们说了，他们真的非常惊喜。可是我们发现，如果响应时间是5分钟、10分钟甚至是一个小时，他们也同样会感到惊喜。客户的预期是，要么永远收不到回复，要么总得等上一天吧。所以，很快就得到响应——比如说15分钟，他们就已经震惊不已了。

我们只需做到足够快就行，而15分钟已经足够快了，即便是一小时以内，也已经足够快了。

这也为我们的团队拧开了减压阀，每个人都镇定了。他们有了更多时间来思考、帮助和书写——抓狂的时间减少了，所有的情况都好转了。客户们依然惊叹我们的快速服务——如今的响应速度确实比之前慢了一点儿，但依然领先整个行业——而且我们的团队变得从容了，工作质量更好。双赢。

这不仅是足够好，而且是相当好了。

最糟实践

每个成熟的行业里都充斥着铺天盖地的"最佳实践"。如何为产品定价的最佳实践？如何做员工业绩评估的最佳实践？如何做内容营销、设计网页、做一个能拥有百万用户的App……教你成为"最佳"的建议和忠告简直永无尽头。

然而，这里头有太多不仅仅是扯淡，而且还很可能是你能做的最糟的事。拥有一万名员工的公司总结出的最佳实践，几乎不可能适用于10个人的小公司。

再说了，即便是我们自己的最佳实践，也不能永远适用啊。Basecamp只有7个人的时候总结出的经验，等我们成长到了30个人之后就行不通了，或者会拖慢我们的步伐。我们经常受困于一些"以前很管用，可现在却不行了"的经验。

不单是规模不同的问题，事情不一样，一切都会不一样。你想卖的是可重复收费的服务，还是一次性付费的产品？两者的操作方法不一样。你设计的那个精彩的App是仅供苹果手机使用的，还是想把安卓、网页和电子邮件也涵盖进去？这两者的操作也不一样。你是想做一家基业长青的公司，还是在起步时头脑中已经有了现成的计划？两者不一样。你的员工是已经一起合作了很长时间呢，还是你要从零开始，组建一支全新的团队？这两者也不一样。

怀疑这些"最佳实践"的理由有很多，最常见的一个就是，有些人纯粹只靠观察某家公司的做法，就总结出了所谓的最佳实践，比如"苹果公司做产品设计的10条最佳实践"。此人在苹果的产品设计团队里工作过吗？没有。这些人不过是凭借猜想，就把自己以为的东西变成了结论。除非你真的干过那项工作，否则你就没资格总结最佳实践。

更有甚者，不少最佳实践纯粹就是传说故事。没人知道它们是从哪儿来的，为何会流传出来，为何不断有人追随。但是，由于那个强大的标签——最佳实践，人们甚至会忘了提出质疑。肯定是比咱们聪明得多的人想出来的，对吧？照做的人都取得了巨大成功，对吧？如果得到的结果不好，必定是咱们哪里做错了，对吧？但绝大多数时候，答案都是"不对"。

况且，最佳实践暗示着，无论你正面临怎样的问题，总会有一个单一的答案。它暗示着你并没有选择。别信这种暗示，你永远有选择。

我们说了这么多，并不是说最佳实践毫无价值。它们就像自行车上的辅助轮。当你不知道该如何保持平衡或该蹬多快的时候，它们可以帮助你前行。但遵循任何一条最佳实践之前，都该提醒自己要认真思考。

最后，如果你总是记挂着最佳实践给你开出的药方，总是怀疑自己做得不对，那你就没法培养出冷静的公司文化。找到最适合自己的方法，做下去就行了。创造属于自己的经验和行为模式，至于这些做法对别人来说算不算最佳实践？管它呢。

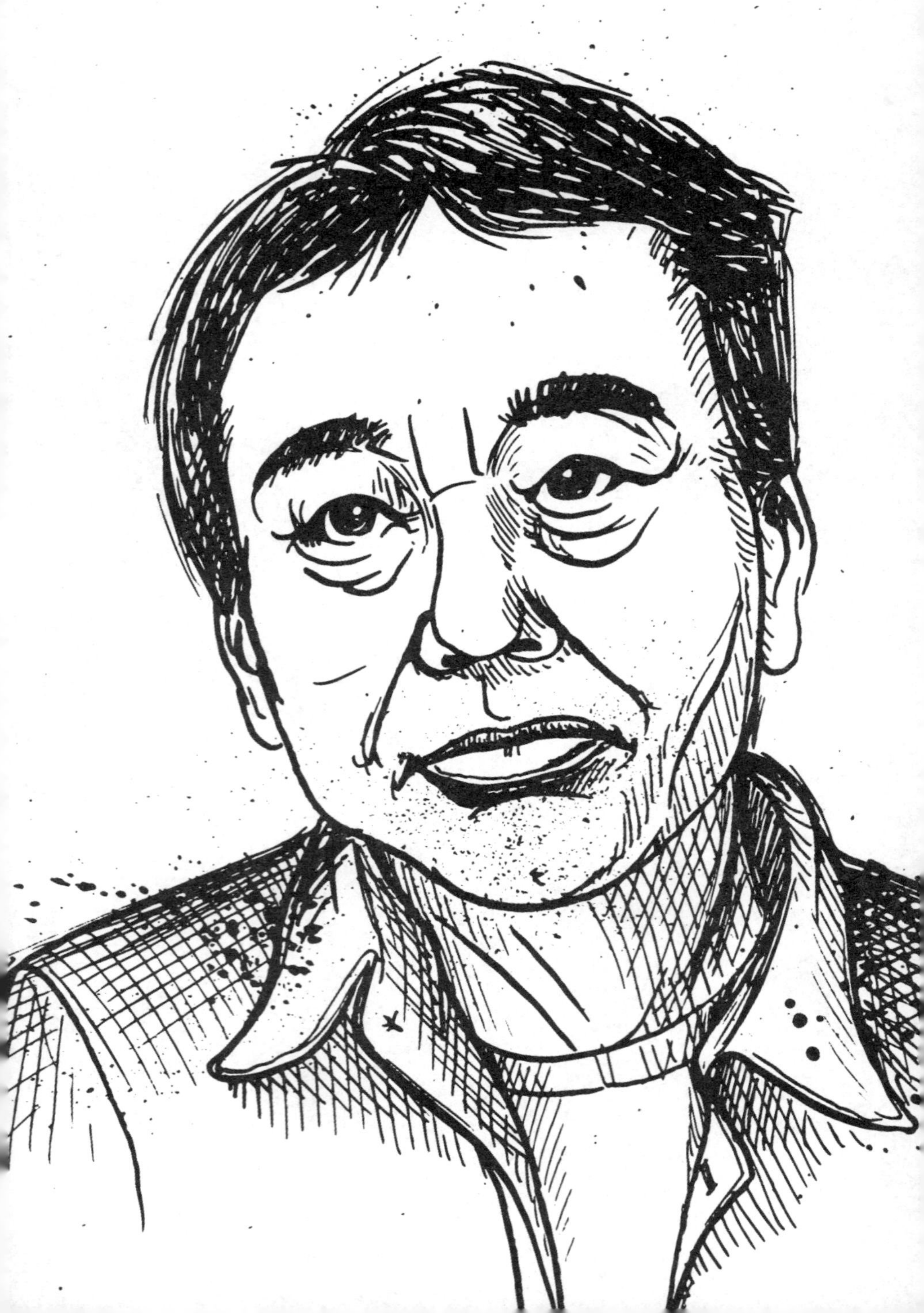

作家村上春树写出了好多本国际畅销书,而他每晚9点上床睡觉。

不惜任何代价?

"不惜任何代价!"这话听上去真豪迈,不是吗?很难能找到哪个口号能像它一样,饱含着如此浓烈的鼓舞、渴望和野心。这是战地将军与行业舵手的振臂一呼,谁不想当这样的英雄和领导人呢?

但是,你并不是在诺曼底的海滩上攻占山头,你多半只是在拼命追赶某个拍脑袋想出来的截止日期,而定下这个日期的人用不着动手干活儿;或者你竭力想在利润上达成一个不可思议的、踮起脚尖才能够得着的目标,可在必须真正踮脚做事的人里头,没有一个认为这个目标是合理的。

"不惜任何代价"是一座冰山。把舵掌稳了,免得它把你的船撞沉。想想爱德华·史密斯(Edward Smith)——泰坦尼克号的船长,他下达了命令,不惜任何代价要比预期更快抵达纽约,打破纪录。你多半知道最后的结果吧。

在不惜任何代价的命令面前，合理的期望被抛在脑后。你会严重低估任务的难度和复杂性。

你基本上不会去做时间、精力和金钱上的预算了——不惜任何代价就是这个意思。而当你不再讨论代价和成本的时候，它们必定会飙升。

面对那些不得不略过不做的事情，你八成没有做好说"不"的准备，因为你答应了要不惜任何代价。

不惜任何代价，意味着你多半要在周三晚上工作到10点，然后周四也是，周五也是。

不惜任何代价，意味着潦草的工作，只求拿出点东西，搪塞了事。

不惜任何代价，意味着就算你不做，老板也会找到一个愿意做的人来替你（受这份罪）。

如果你入行的时间足够长，你必定会遇上罕见的、真正需要不惜任何代价的事情。那是真正十万火急的危情时刻。比如你发不出工资了，或者不采取行动就会危及你的声誉。所以说没错，确实有这样的时候——罕见的、极端的时刻。但是在日常的经营事务中，不要被对这些罕见时刻的恐惧所驱使。

我们是这样做的：我们不要求不惜任何代价，相反，我们会问，这件事需要我们付出什么代价？这个问题会引发讨论。我们会一起商谈战略，做出权衡，砍掉枝节，想出一个比较简单的做法，甚至做出"此事压根就不值得做"的结论。提问会带来解决方案，而命令只会毁掉它们。

多一事不如少一事

时间管理的秘诀,高效能生活的秘诀,提高睡眠质量的秘诀,高效率工作的秘诀……这些全都反映出一种执迷的心态:企图在一天中挤出更多时间。可是,问题不在于调整自己每天的行为模式,以便把更多时间留给工作。真正的问题在于,有太多垃圾事要做。

想要完成更多事?唯一的办法就是少干点。

说"不"是收回时间的唯一方式。别给自己排上12件任务,然后把它们的次序摆弄来摆弄去,企图找到一个效率最高的排列组合;你也用不着设定计时器,闹铃一响就赶紧换下一件事做。把12件事删掉7件,你就有时间做余下的5件了。这不叫时间管理,这叫任务精简。其他的一切秘诀都是忽悠人的。

再者,时间不是你能管理的东西。时间就是时间——无论你试图用怎样的方式和它搏斗,它始终以相同的速度往前流去。你唯一能掌控的，就是把时间花在哪里。

管理学者彼得·德鲁克（Peter Drucker）早在几十年前就已经道破真相："最徒劳的莫过于高效地做完全没必要做的事。"你听听！

在Basecamp，我们已经学会了冷酷无情地对待那些没必要做的事，或我们不想做的事。

例如，以前我们既接受信用卡，也接受支票付款。信用卡支付完全是自动的，所以无须花时间处理。但支票是客户邮寄过来的，这就意味着需要有人接收、处理，万一数额不对还得纠错，退还到付款账户之类的。

有些公司可能会说："嗨，那行吧，咱们再雇个人来做这项工作。"还有些公司会说："那咱们投入些时间、资金和技术，把这个过程变得更加自动化一点。"

我们是怎么说的？"我们不再接受支票付款。"是的，我们决定拒绝那些只能用支票付款的客户，以及他们带来的利润。但这并不是真正的拒绝，而是一个交易。我们牺牲了一些利润，却换来了时间。

我们没有鼓励员工挤出时间来手动处理支票。相反，我们通过说"不"，删掉了那些不得不做的工作——我们不收支票了。

工作中，像这样没必要做的事情肯定还有好几十件。我们始终在搜寻，一发现就把它们逮住——不是为了把它们做完，然后从清单上划去，而是直接扔掉，连进清单的机会都不给。

魔力数字 3

Basecamp的所有产品几乎都是由3个人组成的团队完成的。3是我们的魔力数字。3人团队一般由两名程序员和一名设计师组成。如果不是3个人，那就是一人或两人，而不是四五个。我们不会投入更多人手来解决问题，而是把问题精简到能被3人小组承担并完成的程度。

在Basecamp我们极少开会，万一要开，桌子旁边也极少超过3个人。电话会议和视频通话也是一样。任何3人以上的谈话都太过拥挤了。

可是，如果某个项目或决策需要5个部门一起参与呢？没有这种情况。我们不会做这样的项目——这是有意的选择。

3有什么好处？3就像个楔子，尖尖的头部正是它的功用所在。3是奇数，所以绝不会有平局出现。它有足够的力度，可以留下自己的印痕，但又不至于把东西凿破。大型团队总是把局面弄得更糟——事情原本只需要微调就够了,而大团队却会用力过猛。

4人团队的问题在于,你总是得引入第5个人才能做出裁决。而5个人的问题在于人太多了。一支6人、7人或8人的团队无可避免地会把简单的事情变得复杂。就像工作量会自动增多,好把时间填满一样,它也会把团队填满。如果人手太多,小而短的项目会迅速变得大而冗赘。

小团队可以做成大事,可用大团队来做小事就困难得多,而工作中遇到的一般都是小事。偶然出现大幅进步固然好,可绝大多数时候都是渐进式的小台阶。但大型团队会对这些小改进视而不见。

3令你诚实。它用正确的方式笼住你的野心。它会要求你权衡、折中。最为重要的是,3能减少沟通中的误会,增进协作效率。3个人可以彼此直接对话,避免了传言与猜测。而且,协调3个人的日程表可比协调四五个人的容易得多了。

我们热爱"3"。

坚持下去,有始有终

如果老板总是把员工从一个项目里拽出来,让他去忙活另一个,那没人能把任何事情干完。

中途改道的原因有很多,最常见的就是某个高管想到了一个"片刻都不能等"的新点子。

这种半道上杀出来的、不成熟的新点子,制造了许多烂尾项目,不仅垃圾遍地,还非常影响士气。

正是因为这个,我们不会一有新点子就立即上手,而是让它们先等一会儿。一般来说是一两周——最起码的。这个时间段刚刚好:你要么会彻底忘了它,要么就会意识到,你没法不想它。

之所以能实现这种暂停,是因为我们的项目不会永无止境。至多6周,一般还会更短。这意味着每隔几周,我们自然就有机会来审视新点子,我们用不着为了启动新想法而提前结束老项目。首先,我们把已经启动的项目做完,然后我们思考下一步想做什么。当"马上就要做"的急迫心情平息之后，焦虑也随之散去。

这个方法还能避免未完成的工作积压起来，满满一箱快腐坏的任务太无趣。做事情就要像船运一样才畅快——高质量地完成工作，装船离港，然后再着手做下一个任务。

此外，次日清晨（或下个星期）有揭示真相之功效。带着某个念头入睡是好事，但第二天早上起来你可能会发现，昨天那个全世界最棒的好点子现在看起来没那么重要了。让自己喘口气，你会看得更清楚。

所以，给自己5分钟，先集中精力把手上的事情做完，然后再决定下一步做什么。

"不"的价值

"是"说起来容易做起来难，而"不"更容易做到。

说"不"，你只拒绝了一件事，而说"是"，相当于拒绝了上千件。

"不"是一个精准的仪器，是外科医生的手术刀，是聚焦于一点的激光枪。

"是"是个圆钝的棍棒，是渔夫的网，不管什么都往里装。

"不"是具体的，"是"是宽泛的。

当你对一件事说"不"的时候，这个选择引出了更多选择。到了明天，你可以像今天一样，开放地迎接新机会。

而当你说"是"的时候，你已经用掉了选择权。一大批机会被挡在门外，明天因此受到了诸多限制。

现在你说了"不"，日后你总可以再回来说"是"。

如果你现在说了"是"，日后说"不"就更难了。

说"不"很艰难,但它带来冷静;说"是"很简单,却引发忙乱。

知道自己该对什么说"不",胜过知道该对什么说"是"。

你要明白"不"的价值。

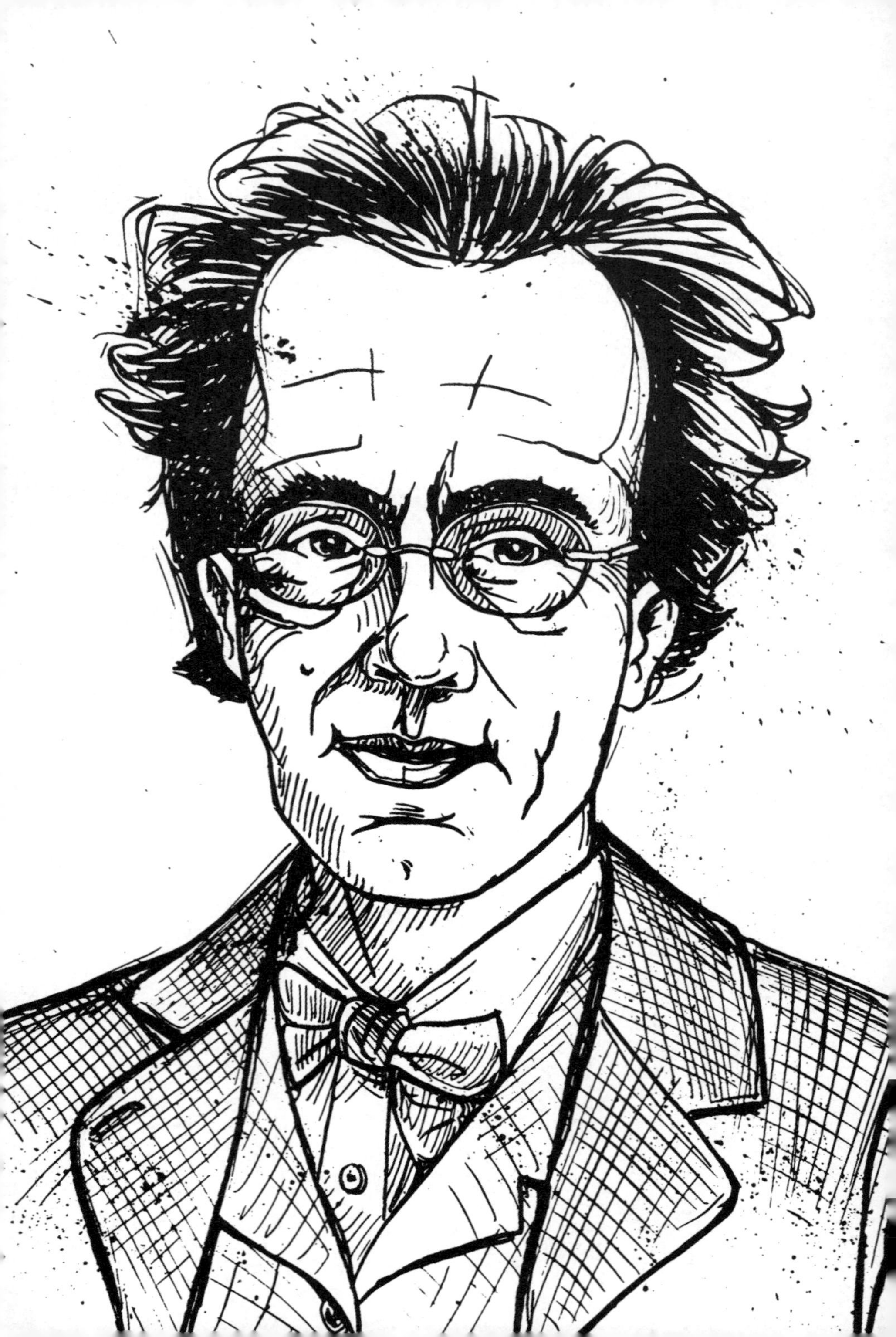

作曲家古斯塔夫·马勒（Gustav Mahler）夏季独自住在阿尔卑斯山区创作交响乐，他在一间小木屋里工作，收工后散步好几个小时。

Mind Your Business

深入思考业务

冒险不等于鲁莽

有许多创业家沉迷于冒险。危险越大,感觉越好。一头是赢得一切,一头是失去一切,他们平衡在两者之间,追逐那种肾上腺素飙升的滋味,体会那种战栗与荣耀的感觉。但我们不这么做。

我们用不着为了在工作中寻求兴奋刺激而冒险。我们也会冒风险,但却不会把公司置于险境。

例如,我们最近干了一件看似极其冒险的事:我们把Basecamp软件的价格提升了3倍还多,从每月29美元涨到了99美元。

同时,我们对产品做了显著更新,而且新价格并非面向每一个人——Basecamp的现有客户依然支付原价,但调价之后的新注册用户就要支付每月99美元的费用。

我们做过测试吗?没有。我们问过大家,是否愿意多付钱吗?没有。我们敢保证这一招肯定能行吗?当然不敢。听上去十分冒险!

但是真的很冒险吗？风险在哪里？如果这样做行不通，我们会关门歇业吗？不会。如果这个大胆的实验宣告失败，我们会被迫裁员吗？不会。为什么？因为我们已经拥有了庞大的客户群，有十几万人在按往常的资费给我们付款呢。

我们对自己许诺，实验6个月，看结果会怎样。这段时间内根据情况随时调整。先迈出一大步，然后小步往前走。如果失败了，我们随时可以回来。这就叫作可控的、经过计算的风险，而且还拴着安全绳。

结果是，提价3倍的策略效果非常好。我们失去了一些新用户，但更高的售价弥补了损失。这正是我们想要的。正中靶心！

冒险不等于鲁莽，你并不会因为把自己或公司置于毫无必要的险境而变得更加勇敢。聪明的赌局是，万一局面跟你设想的不一样，你还可以翻盘重玩一遍。

季节轮转

人们总认为改变会带来压力，但它的反面，也就是一成不变，给人的感觉更糟。你用相同的方式、相同的步调，做着相同的事情，时间一长，单调的感觉就会反噬。

长大成人的过程中，生活是分时令的。即便你生活在一个没有季节感的地方，一年中也会有时令变化。有开学，有暑假，不同的时期做不同的事情。

但是，除非你在一个时令感很强的行业里工作，否则3月的工作跟5月多半没什么不同，6月跟1月一样，12月干的活儿跟2月的很难分辨。但在Basecamp，我们不一样。

我们是这样欢度夏天的（至少按北半球的季节）：每周少上一天班。从5月到9月，我们每周工作4天，总共32小时。我们没打算把更多的工作量塞进更少的时间里，因此我们把"野心"也调低了。冬季是我们倾力做事的时段，会启动一些规模更大、更有挑战的项目。到了夏天每周只上4天班的时候，我们就做简单些、小一些的项目。

我们还有一个庆祝四季轮转的方式：为每位员工报销每周"社区支持农业计划"的费用，产自本地的新鲜时令蔬果直接送到家。这项福利全年都有，丰富的农产品会自然地反映出季节的更替。这是一个美味又健康的庆祝变化的方式。

用工作时长、任务难度甚至是专门的福利来强调季节更替的感觉吧，想些办法来打破一成不变的单调感受。如果人们在同一个状态里待得太久，就会变得沉闷僵滞。

利润才是硬道理

自从1999年我们创立这家公司的第一个月开始,我们就是盈利的。从那时起,我们每年都盈利。

当然,该说我们运气不错,但我们也一直有意识地控制着发展的步伐,不要一下迈得太大。我们一直密切关注着成本,并且绝对不做可能会导致公司财务出现赤字的事情。

为什么?因为抓狂都存在于红字的亏损区,而冷静都出现在黑字的盈利区里。

在盈利之前,公司总是岌岌可危的。你在赛道上一刻不停地奔跑,心里充满担忧和焦虑,不知道自己能不能及时到达。万一还没有利润,到了最后一刻该怎么给员工发工资?这压力该有多大!

当公司处于红字的亏损区,员工们会担忧自己工作难保。大家都不傻——他们知道"烧钱"意味着好日子不会永远存在。他们总会谈起裁员的可能性，简历时刻整装待发。

单有营收也不保险，因为没有净利的营收也救不了你。一边有营收进来，一边却破了产，这种事很容易发生——大把公司都是这样的。但一家能创造利润的公司是不会破产的。

利润意味着你有思考的时间，有探索的空间。它意味着你可以掌控自己的命运和时间表。

若是没能盈利，总会有些东西像着火一样被消耗掉。当公司讨论"烧钱率"的时候，被烧掉的东西有两种：金钱和人才。前者终有用完的一日，而后者的热情也会耗尽。

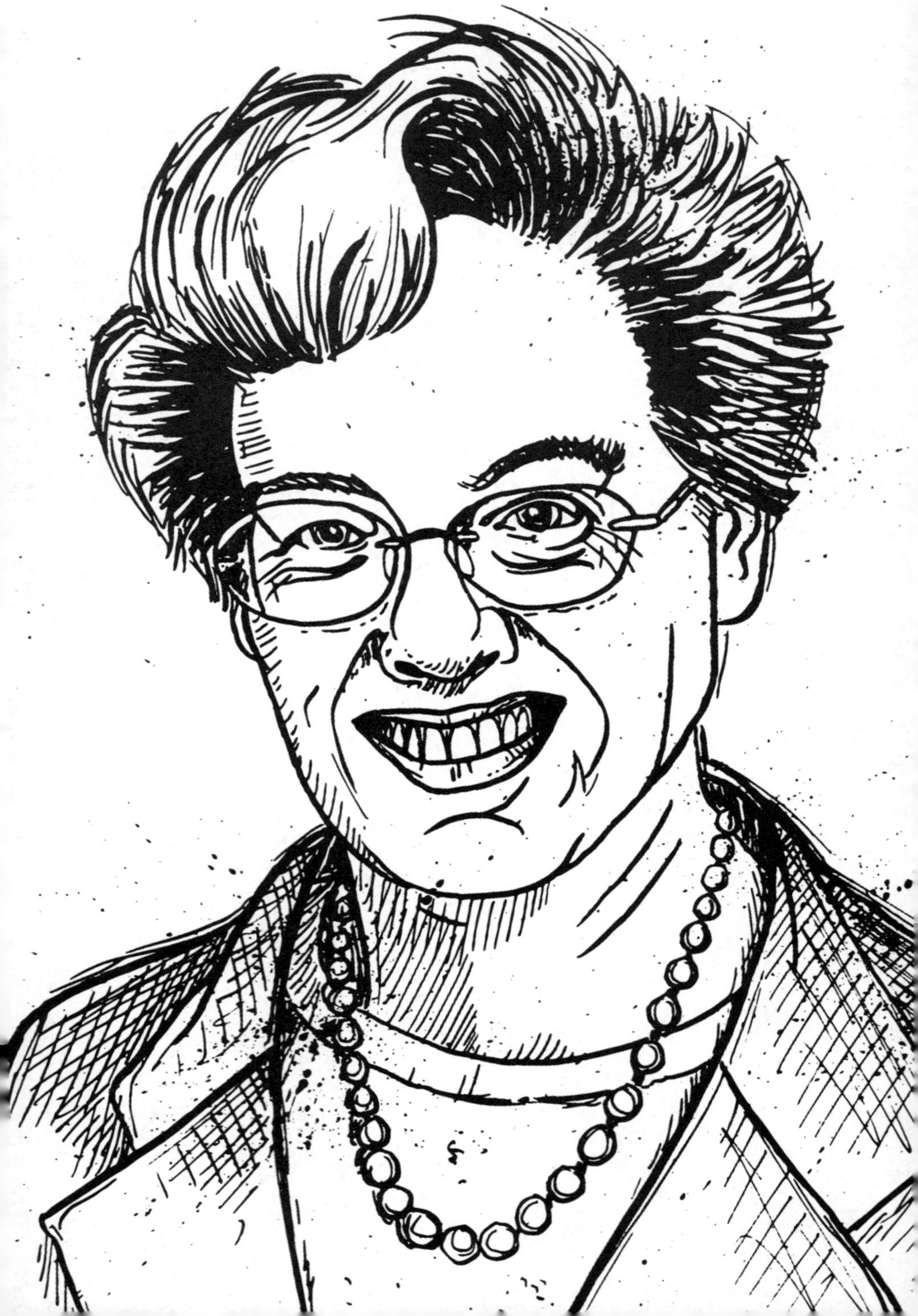

天体物理学家桑德拉·费伯（Sandra Faber）在暗物质和银河系形成机制的问题上取得了重大突破。她说，到了晚上和周末，她的注意力就放到了家人身上，而她的工作也因这样的平静日常而受益匪浅。

故意放弃

不敢失去的客户是最糟的客户。"大鲸鱼"只要隐约露出一点不满意的迹象,你就会垂头丧气,焦虑不安。正是这样的客户让你夜不能寐。

然而,绝大多数开发商用软件的公司——比如我们,都像无法抵御海妖的歌声一样,难以抵抗大客户的诱惑。这是因为绝大多数商用软件是按人数收钱的。

例如,你把软件卖给一家7人的小公司,每人10美元,那么这个客户每月为你带来70美元的收入。但是,如果以每人10美元的价格签下一家120人的公司,你就赢得了一张价值每月1200美元的合同。再想想1200人的公司意味着什么,或者是1.2万人的公司。

现在你知道为什么大公司如此有魅力了吧——而且很容易让人上瘾。

我们从第一天起,就拒绝了按人数收费的商业模式。这不是因为我们不喜欢钱,而是因为我们更加喜欢自由!

按人数收费的问题在于,它会把你最大的客户变成最好的客户。如果你没有全然的控制力,金钱就会造成影响。而这也决定了你要把时间花在谁身上。一旦金钱流动起来,你不可能避开这些压力,唯一的办法就是把水龙头关上。

所以我们采用了截然相反的做法。今天,Basecamp软件的价格是每月99美元,一视同仁。你的公司有5个人、50个、500个、还是5000个,全都一样——你只需每月花费99美元,无须付得更多了。

乍一看,这种商业模式简直毫无道理。任何一个MBA(工商管理硕士)一年级生都能告诉你,你这是放着眼前的钱不拿啊!你让最大的客户占了太多便宜!就算让他们付10倍甚至是100倍的价格,他们连眼睛都不会眨一下!

谢谢你,但我们不做。我们有自己的理由:

第一,既然没有哪个客户会付给我们巨款,那么也就没有谁对功能、修改或例外情况的需求会自动自发地跃升到第一位。这就让我们可以自由地开发自己想要的软件,为更广泛的客户群体发声,而不是代表某一个或某几个特殊群体。当你心里没有恐惧,不担心服务不好少数几个超级大客户的时候,做正确的事就会容易得多。

第二,我们希望Basecamp为像我们一样的小企业服务——我们是《财富》杂志世界"500万强"公司。而且不只是为他们设计软件，还要真正帮到他们。说句实话，我们压根不在乎《财富》杂志500强企业。那些巨型公司很有可能已经成了铁板一块，不会改变了。而面向"500万强"，我们有实实在在的机会，去发挥实实在在的影响力。这种工作令人满意得多。

第三，追求大合同必然会带来某些后果——大客户经理、销售会议、溜须拍马。而我们不愿陷进去。这些东西在销售手册里都写得很清楚，而我们非常厌恶它们。可是，一旦你开启了大门，想从大客户那儿挣到大钱，这些东西就无可避免。再说一遍，谢谢你，但我们不做。

但是，干吗不两种生意都做呢？用一种业务模式向小企业销售产品，同时派另一组人专门服务大客户。但我们不想成为一个拥有两套文化的双头公司。销售给小企业和销售给大企业，这是两个很不一样的套路，需要两种很不一样的员工。

成为一家冷静的公司，关键就在于想清楚你是谁、你想服务谁、你想对谁说"不"，并由此做出决策。关键就在于你得知道，要对哪个部分做出优化。这并不是说任何一个选择都是正确的，但是，不做选择或犹豫不决必定是最错误的。

发布，然后学习

如果你想知道自己的产品究竟怎样，那你就得把它发布出去。你可以做测试，开头脑风暴会，你可以争论，可以做调查，但唯有把船送出海去，你才能知道它到底是能漂起来，还是会沉下去。

这个产品好吗？它能解决真正的问题吗？我们该不该把它做得再完善一点儿？我们做的是客户想要的吗？会不会有人买？我们的定价合适吗？

全都是好问题！

这些问题你可以在内部永远讨论下去，好多公司就是这么做的。寻找答案的过程中，他们找到的是焦虑。猜测、恐惧和犹豫不决，充斥在世界各地办公室的走廊里。

可是，有什么好担忧的？尽你的最大努力去做，相信你的作品，然后发布出去，你就能得到实实在在的答案了。

或许它很棒，或许它很糟，或许它居于两者之间。但是，如果你想知道答案，就得把它放到市场里去——真实的市场，那里是你唯一能寻获真相的地方。

你可以跟着操作流程走，你可以没完没了地测试下去，你可以跟潜在客户聊天，问问他们愿意为你正在做的东西付多少钱。你可以发起调查，问问大家，如果你的产品具备这样或那样的功能，他们愿不愿意买。

可这又怎样？这些都是模拟出来的答案，不是真实的。

唯有当某个人拥有足够强大的购买意愿，买了你的产品，并且按照自己的想法在真实情境中使用时，你才能获得真实的答案。除此之外的一切都是模拟，而模拟出来的情境带来的是模拟答案。把真实的产品交付出去，才会得到真实的答案。

在Basecamp，我们把这种哲学贯彻到了极致。我们不会向任何客户展示任何东西，直到每个客户都能看见。我们不找客户做公测，我们不会问人们愿意花多少钱，我们不问任何人是怎么想的。我们尽最大努力做好工作，然后把产品推到市场上。市场会告诉我们真相。

我们会错过某些信息吗——如果我们能提前做做问卷调查，大概就不会错过了？当然有可能。但代价是什么？把做出的一切提前摆在顾客面前，这个过程缓慢、昂贵。换回堆积成山的反馈意见后，还得做筛选、思考、争辩、讨论，然后做出决策。可即便如此，它依然还是猜测！猜测会耗去大量精力。

所以，尽最大努力把产品做好，然后发布出去，投放市场。你会从真正需要你的产品的真实用户那里，得到真实的看法与答案，并以此为基础做迭代改进。发布，然后学习。

别做承诺

从Basecamp初创时起，我们就很不愿意做出产品改进的承诺。我们向来希望客户能根据现在能买到用到的版本来判断产品的好坏，而不是某个"有可能会"在日后推出的、想象出来的版本。

这就是为什么我们从来不发布未来的产品路线图。不是因为我们在某个小黑屋里私藏着一张，不愿意拿出来给大家看，而是因为它确实不存在。我们真的不知道一年后我们会做什么，所以为什么要装出那副样子呢？

可当我们最近发布了全新版本的Basecamp的时候，我们居然做了个日后改进的承诺。唉。

是这样的，项目模板的功能是客户们特别想要的，可新版本里没有。客户不断提出这个要求，电子邮件堆成了山。我们虽然想做，但不确定能不能做到。所以我们就跟客户说："到年底吧。"说这话的时候我们还有8个月左右——听上去很宽裕,可我们没有考虑开发它的工作量,以及与此同时我们必须完成的其他事情。

3月很快过去了,然后是4月,然后是5月、6月、7月和8月。我们依然没有动手开发项目模板。接着是9月,然后10月到来。现在,为了兑现承诺,我们不得不搁下一大堆想做的其他事,好赶在年底之前把项目模板做出来。这是个非常有用的功能,客户喜欢极了,可我们不得不仓促赶工。这就是承诺的后果——匆忙、搁置、手忙脚乱,还有对当初承诺的一丝悔意——做承诺实在太容易了啊!

承诺就像债务一样,会堆积起来,还会产生利息。拖延的时间越长,代价就越大,后悔的感觉也越强烈。等到真正动手去做的时候,你就会意识到,"好的"两个字是多么昂贵啊。

许多公司都被先前许下的承诺给拖累了:销售人员许下的签单承诺,项目经理对客户许下的承诺,公司老板对员工许的承诺,这个部门向另一个部门许的承诺。

说一句"好的,以后做"比什么都容易。你可以没完没了地许下一堆承诺,直到你把未来的一切精力都搭进去为止。承诺说起来容易,好似也无须代价,而真正的工作既艰难又昂贵。如果不是这样的话,你不是会立即做完吗?而不是答应人家"以后做"。

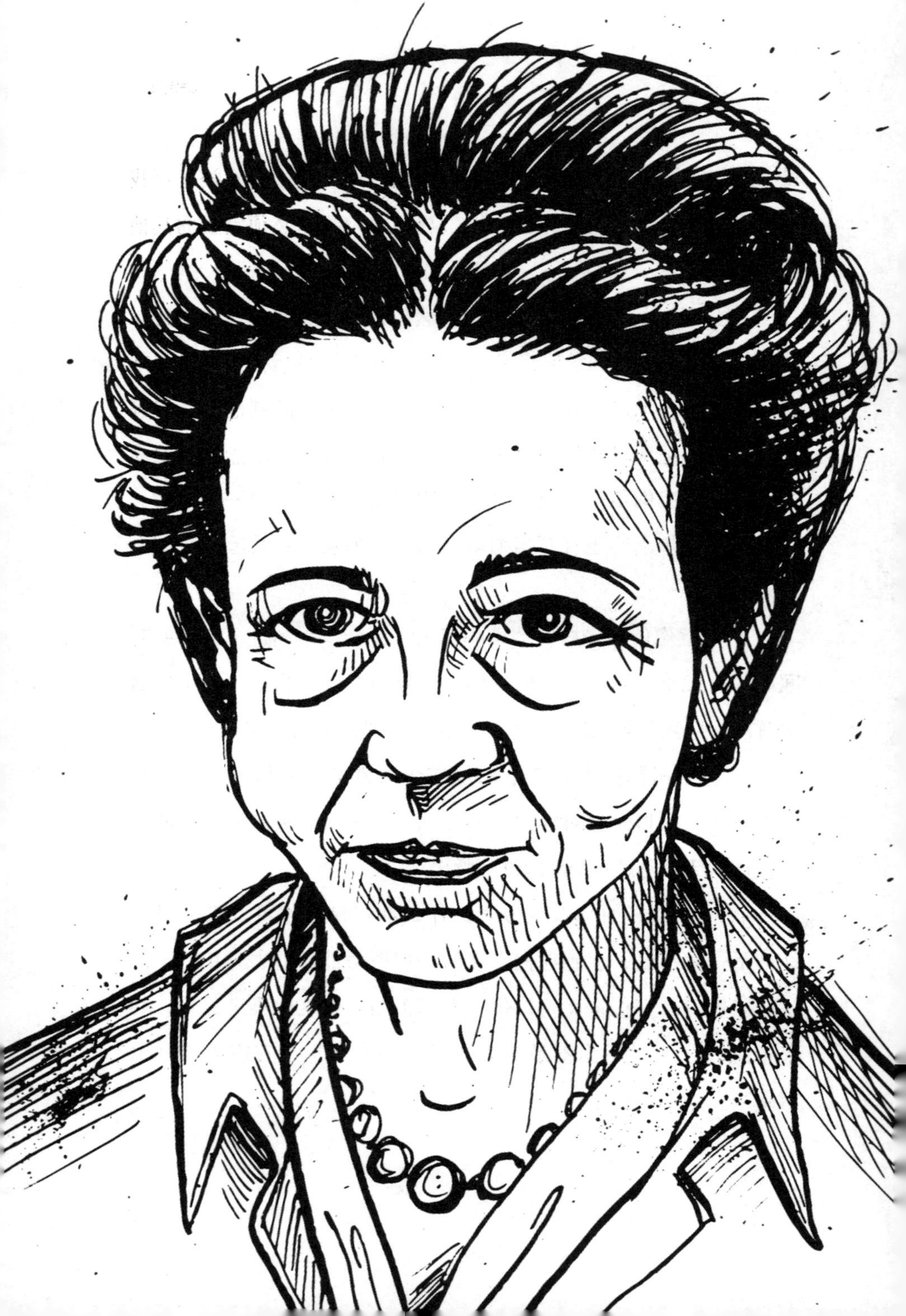

法国知识分子兼作家西蒙娜·德·波伏娃（Simone De Beauvoir）把一天划分成两段：每天下午她会留出4小时的休息时间去拜访朋友。

他抄我的！

> 如果全世界都在唱你的歌
>
> 你的画被挂到了各个角落
>
> 你只需记住
>
> 那些原本是你的，可从现在起是每个人的
>
> 这种事本无对错
>
> 但想不开的话你就会陷入纠葛
>
> 只会令你束缚自我
>
> ——Wilco（照办乐队），*What Light*

遇上竞争对手抄袭你的产品，剽窃你的创意，把你的想法改头换面，你可以火冒三丈，气得脸红脖子粗，可这样又有什么好处？

生气只会伤害你自己。它消耗你的精力，而你本可以用这些力气来做出更好的作品。它模糊了你的视线，让你看不清下一步

该做什么,还把你锁在过去。再问一遍,这样又有什么好处?

你觉得对手会因为你生气而良心发现,意识到他们做错了吗?如果他们有这份良知,那一开始就不会抄你的。

你觉得客户会关心这事吗?他们只想用更优惠的价格买到更好用的产品。极少人有那个时间或同情心,去关注一个"竞争对手做了什么(或没做什么)"的悲情故事。

我们已经被抄了上百次(这数字大概都少说了)。我们的设计被全盘端走;我们说过的话被改动一番,然后拿来对付我们;我们的创意被剽窃,还被安插到别人头上。

这就是人生啊!如果你想要保持冷静,就得继续前行。

说句实话,我们以前也挺烦恼的。在早期,当每件事都如此脆弱的时候,当你看见自己的作品被冠上别人的名字,确实很容易抓狂。更糟的是,对方抄得还那么烂!你不禁火冒三丈,因为其他人让你面上无光。

可是,你仔细想想看,除非你申请了专利,不然能做的真没多少。何况,吃亏更大的是抄袭的一方,而不是被抄袭的人。当有人抄袭你的时候,他们抄到的只是那一刻的成果。他们不知道那个成果背后的思路,而且他们也不会知道能帮你日后做出无数新成果的思路。他们被困在你的过往里了。

所以呀,说真的,冷静下来。接纳那一阵微弱的、暂时的挫折感,然后放手让它走。

掌控变化

你常听到有人说，人们不喜欢变化。但这话不一定对。对于想要的变化，人们接受起来一点问题都没有。他们不喜欢的是被迫改变——在一个并非由他们主动选择的时间点上，发生了他们并未主动要求的改变。当一个新产品突然被甩到他们面前时，你眼中的"全新升级版"，在他们看来很可能变成"什么破玩意儿"。

开发Basecamp软件的过程中，我们一遍遍地习得了这个教训。比如我们做了一个新设计，把原先的元素多挪开了一点儿，好容纳一些更好的功能，可我们听到的反馈全是："你们对我的App干了什么！我就喜欢原来的样子！赶紧改回去！"

软件行业的标准做法是不搭理用户的此类反应。嗨，这就是进步的代价嘛，而进步永远是好的。这种态度真是目光短浅、自高自大。对许多客户来说，当舒适、一致性和熟悉的感觉排在价值榜单的前几位时,"更好"其实并不重要。

这并不意味着你的新产品很烂,它只是说明人们正在做自己的事儿,而这对他们来说,远比你的产品改进更重要。他们已经往手头上的事情里投入了精力,而且已经很熟悉该怎么做。可此时你把变化丢到他们面前,让他们的生活立即变得复杂了一点。他们的旧事情正做到一半,可现在不得不停下来学新东西了。

我们花了很长时间,绕了很多弯路,才领悟到这个关于销售的核心真理:把新产品卖给新客户,让老客户留着他们原有的东西。这就是保持安宁和冷静的方法。

正是因为这个,我们现在同时运营着3个版本的Basecamp软件,彼此的差异非常大:2004年~2012年之间发售的最初版本,2012年~2015年发售的第2版,最后是2015年发布的第3版。每个新版本都"更好"了,但我们从没强迫任何人必须升级。如果你是在2007年注册购买了原始版,你可以永远用下去,这样的客户多到惊人呢。(而且我们喜欢这一点!)

那么,我们干脆就别更新了呗,一直销售原始版的Basecamp不就行了吗?不行,因为我们会有新创意啊。技术手段变了,设计也变了,我们进化了。但我们是按自己的步调进化的,如今的新客户想要的东西和10年前的新客户不一样。而这并不意味着我们可以强迫早期用户跟上我们的步伐。

这也不意味着你不应该邀请客户来瞧瞧你最新的产品。但这应该只是个邀请,而不是要求。一旦你开始强推,有些人就会自然而然地产生抗拒心理,突然之间,你就陷入了冲突之中。这样哪还有冷静可言。

履行原有的约定,维持老产品运转,这些不是没有成本的。但这就是拥有光辉历史的代价,这就是成功的代价——你取得了相当大的成功,以至于客户在你做出最新的产品之前就已经喜欢你了。你应该为此庆祝才对!为自己的光辉历史自豪吧。

创业容易守业难

许多创业者在创业初期倾尽了一切：漫长的夜晚，大量的精力，无尽的热爱。然后公司启动了，他们因冲刺而精疲力竭。"终于结束了！"他们心想。结束了才怪呢。

从0到1是如此艰难，因此人们很自然地期盼今后的路会好走一些。然而并不是。越往前走，越艰难，最容易的就是第一天。这就是关于创业的暗黑小秘密。

随着公司一天天长大，你得雇人吧。有了人，就有了形形色色的个性。有了个性，就有了办公室政治，以及伴随人性而来的上百种挑战。

顾客开始注意你的时候，竞争对手也看见你了，如今你处在某人的瞄准镜下。公司刚起步的时候，你处于全力进攻的状态，如今你得操心防守的事儿了。

在你还没发觉的时候，成本已经飙升，维持运转的费用越来越昂贵。公司不断成长、扩张，可利润仿佛遥遥无期。

听起来很丧是不是？才不是，一点都不——全都非常激动人心！但也非常现实。公司启动之后，事情会越来越难。

所以，你需要为启动后的事情做好心理准备。如果你以为前方全是阳光和玫瑰，那你必然毫无防备。如果你明白未来可能是什么样子的，你就能在头脑中演练，在风雨袭来之前做足准备。关键就是你设下了什么样的期望。

说到底，创业容易守业难。把戏一直唱下去，远比首次登台困难得多。第一天的时候，世上每一家创业公司都站得直直的，等到了第1000天，只有少数几个还站在那里。这就是现实。所以，按自己的步调往前走，别以为艰难的路段已在身后，在早期就把能量耗光了。

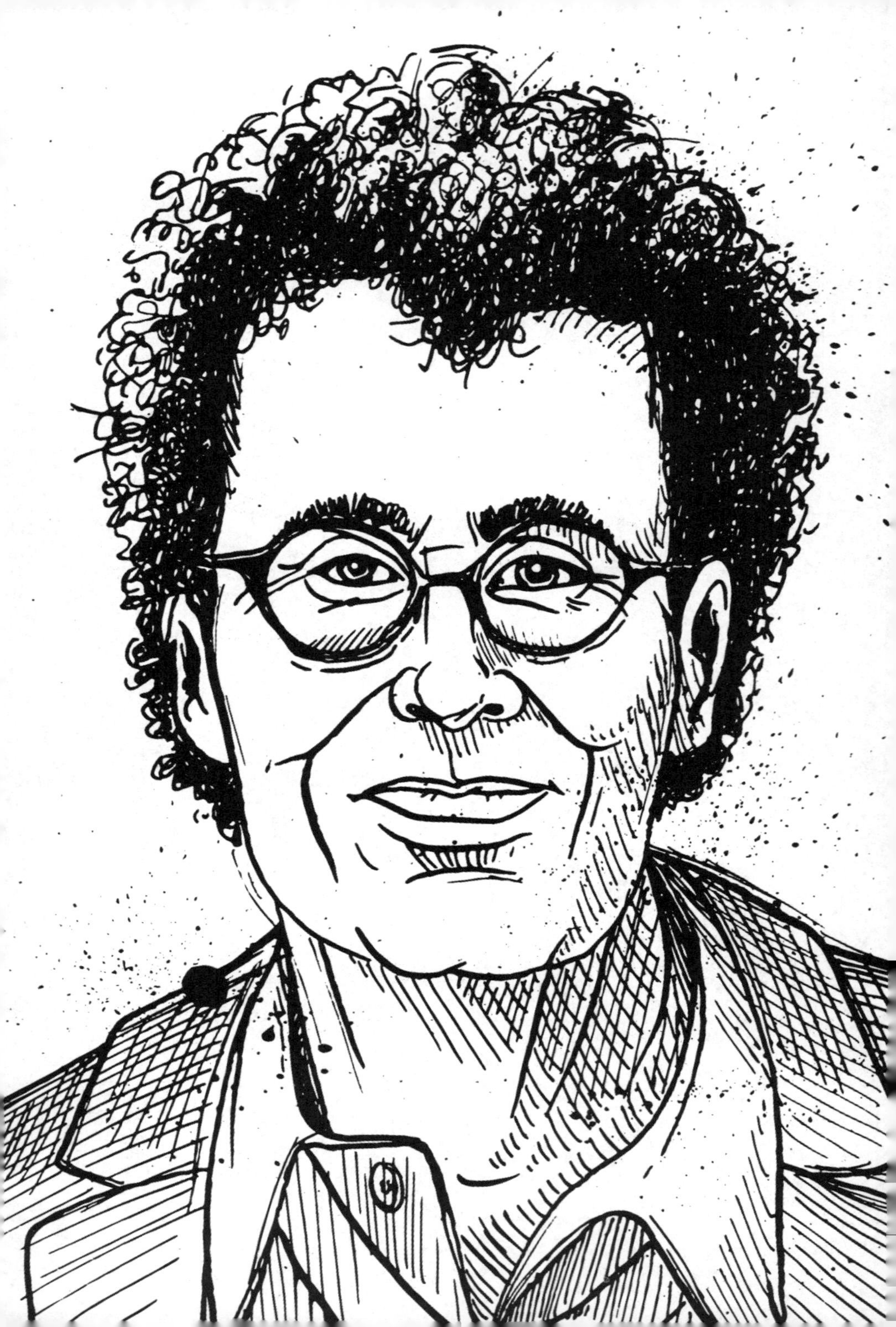

剧作家托尼·库什纳(Tony Kushner)用钢笔在黄色活页本上写作，钢笔没水时就停下。

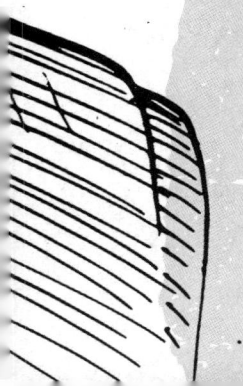

小事一桩，还是世界末日？

有个道理显而易见：人们不喜欢看到自己的不满遭到轻视或忽视。当这种事发生时，即便是最微不足道的小烦恼，也能演变成不依不饶的大吵闹。

想象一下，你住在一家酒店里，但空调坏了。你打电话给前台，他们说："噢对，我们知道。下周（或你离店后）会有人来修的，在此期间，您就把窗户打开呗（窗户底下是繁忙喧闹的大街）。"没有一句抱歉，没有一丝愧疚。

现在好了，一个小小的不便——你喜欢在20℃的房间里睡觉，而现在的室温是23℃——突然变成了世界末日！你火冒三丈，发誓要写信向酒店管理层投诉，而且要在网站上给这家酒店打个差评。

曾经负责苹果法国分公司运营的让-路易斯·加赛（Jean-Louise Gassée）把这种情形比作在两个刻了字的代用币之间选择。

面对遇上麻烦的顾客，你要么选择写着"小事一桩"的代用币，要么选择写着"世界末日"的那个。无论你拿起哪一个，对方就会拿起另一个。

上面的例子中，酒店员工显然拿起了"小事一桩"，于是，你就只能拿起写着"世界末日"的那一个了。可是，他们完全可以做出相反的选择。

试想，如果那位员工这么说："实在太抱歉了，这显然是不能接受的！我完全能理解您的感受，房间温度这么高，简直没法入睡。万一今晚我没法解决这个问题，我们把房费退还给您，并在旁边给您再安排一个房间，这样可以吗？无论怎样，我们找解决办法的时候，请允许我给您送一瓶冰水和冰淇淋上去。这种事太糟了，我们非常非常抱歉，我们愿意尽一切努力来解决它。"

听了这种回答，你不拿起"小事一桩"的代用币也不行了。哦，没问题，拿点水和冰淇淋来就很好！

人人都希望得到尊重和倾听，而且这样做的成本通常并不高，谁对谁错并没有那么重要。带着情绪争执这种问题，只会加剧矛盾。

下次你面临这种问题的时候，想想"代用币"的比方。你想把哪一个留给顾客？

美好的旧时光

就在几年前,我们还手握好几种不同的产品。而今天我们只做一个:Basecamp。我们放弃了其余的一切——以及潜在的数百万营收,以便我们集中精力,而不是全面铺开。

公司一般会在经营状况不好的时期收窄产品线,我们与之相反。我们在最好的时候砍掉了其他产品。收窄的时候,我们的业务情况正前所未有地好。

你很少能听说这样的做法——拒绝增长,拒绝营收,无论是从文化上还是从结构上,公司就应该越长越大才对啊。

可是这么多年来,我们跟许多陷在"持续增长模式"中的创业家聊过天。一批人对自己的成就很自豪,可同样多的人语气中带着渴望,谈起那"美好的旧时光",也就是公司更简单、规模更小的时候。在那些日子里,一切都没那么复杂和忙乱,没那么多令人头痛的事。

听到创业朋友们追忆的次数越多,我们就越是忍不住这样想:"那为什么他们就不能放慢脚步,向他们最喜欢的规模靠拢呢?"无论压力多大,世上并没有哪条自然法则规定,企业必须快速且永无止境地增长。只有那么几句商业金句式的蠢话,说什么"如果停止增长,就意味着死亡"。谁说的?

我们决定,如果"美好的旧时光"那么美好,我们就尽最大努力留在那个阶段,维持一个可持续的、可管理的规模。我们依然会增长,但要缓慢,并且可以掌控。我们要留在美好的时光里——而且无须那个"旧"字。

就这样,我们决定,规模要尽可能地小,持续时间尽可能地长。我们没有不断发明新产品、承揽更多责任与义务,而是持续不断地、有意识地精简和减负——即便是在顺风顺水的情况下。在顺境中收窄,这是一家冷静的、盈利的独立公司的奢侈。

如今,我们更像是12年前的我们,而不是5年前,这是有意为之。感觉好极了。与此同时,我们一直保持着健康的利润,不断提升员工福利,并创造出一个能让人们做出最优秀作品的环境。

这里头没有丝毫的老旧和疯狂。

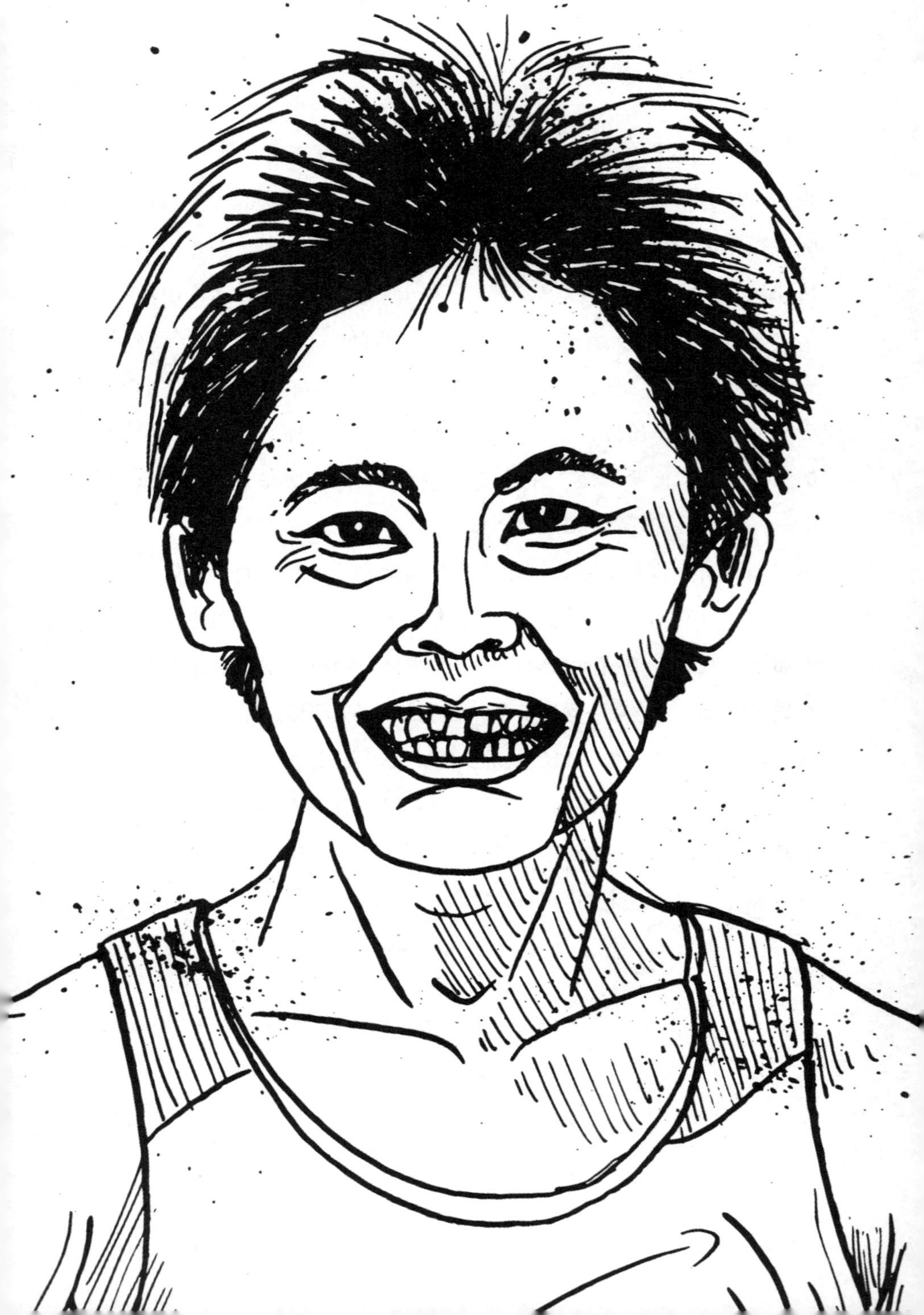

赢得了2018波士顿马拉松的日本选手川内优辉每天只训练一次,因为他是个全职的公务员,而且他深信,要尊重身体天然的"里程限制"。

Last
收 尾

有意识地选择冷静

公司就是一系列选择的结果。每一天都是一个新机会，你可以做出不同以往的全新选择。

你是打算继续听任员工一点点地抢走别人的时间呢，还是选择保护大家的时间和注意力？

你是打算继续压榨员工，让他们每天工作10小时或每周工作60小时以上呢，还是选择在合理的工作时长里做出更有价值的工作？

你是打算继续逼着大家每天盯着十几个实时群聊呢，还是选择把他们从"信息传送带"上解放出来，把完成高质量工作所必需的专注状态还给他们？

你是打算继续希望大家对任何事情都做到立即回复呢，还是选择在沟通之前先深入思考？

你是打算继续"烧钱"，同时寄望于有朝一日利润终会到来呢，还是选择让无止境的增长先缓一缓，直到能盈利再说？

你是打算继续积压工作，不停地错过截止期限呢，还是选择让团队拥有控制权，让他们决定哪些合理的任务需要在规定时间内完成？

你是打算继续不停地把员工从未完成的项目中拉出来，去做另一件未完成的事呢，还是选择先做完手上的工作再开始下一个？

"这在我们公司永远行不通。""如果客户在晚上11点打来电话，我就得接。""让员工在度假期间工作一会儿，没关系的。"你是打算继续这样说呢，还是选择下定决心，做出改变？

你有选择。如果你没有权力在公司范围内做出改变，那就找到自己力所能及的范围。你总是有选择的——改变你自己，改变你的期望，改变你和他人互动的方式，改变你的沟通方式，开始保护自己的时间。

无论你处于组织的什么位置，你都可以马上开始，做出更好的选择——能让你一步步远离疯狂、靠近冷静的选择。

一个冷静的公司是选择的结果。做出你的选择吧。

感谢你的阅读。

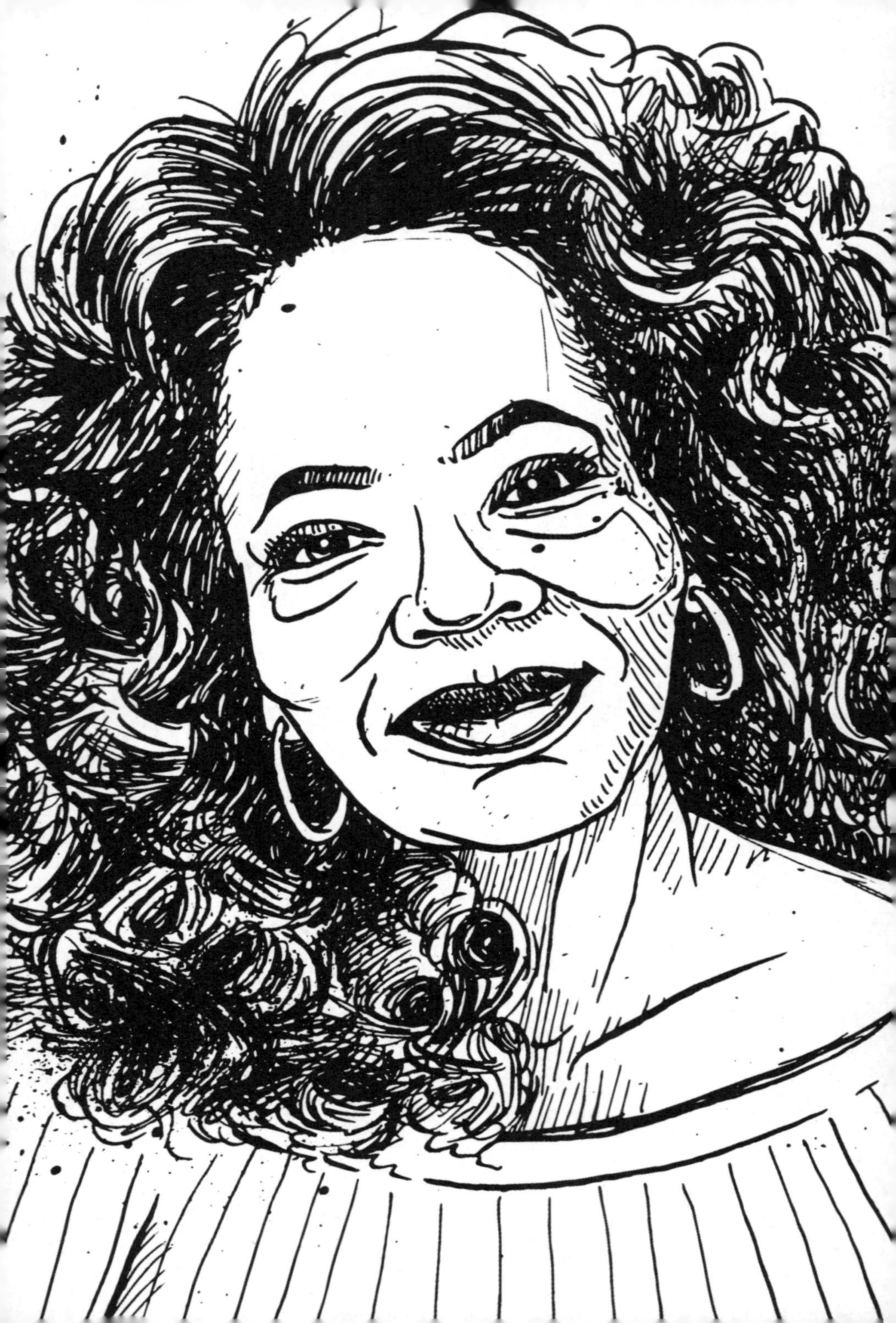

即便奥普拉·温弗瑞（Oprah Winfrey）参与了那么多事，她依然能留出时间冥想、遛狗、打理花园。

致谢 Dedication

贾森·弗里德

感谢我的家人,感谢机会,感谢运气——拥有你们是我的幸运。献上我的爱与谢意。

戴维·海涅迈尔·汉森

感谢杰米(Jamie)、科尔特(Colt)和达什(Dash),你们的爱给了我耐心和思路,让我得以在工作中寻求冷静。